341.

Y 3914

Y. 3785.
23.

LES CAPRICES DU DESTIN,

OU

RECUEIL D'HISTOIRES SINGULIERES ET AMUSANTES.

Arrivées de nos jours.

Par Mademoiselle l'H***.

Avec Figures.

A PARIS AU PALAIS,

Chez PIERRE-MICHEL HUART,
au quatriéme Pillier de la Grand'Salle,
au Grand Cyrus.

M. DCC. XVIII.
Avec Approbation & Privilege.

A MADEMOISELLE
DE
VERTEILLAC.

*Aimable Fille d'un * Guerrier,*
Dont le front fut cent fois couronné de
laurier.

* Monſieur le Comte de la Brouſſe de Verteillac,
Maréchal de Camp des Armées du Roy, Gouverneur
de Mons, & du Païs de Hainault, & Lieutenant
de Roy de la Province de Perigord, tué au ſervice
du Roy.

Si dans le champ de Mars il courut à
    la gloire,

Vous irez par les dons des filles de me-
    moire ;

On voit briller en vous avec tant d'a-
    grément,

La justeße d'esprit, l'heureux discer-
    nement ;

Vous poßedez si bien, & la Fable &
    l'Histoire ;

Vous penfez, vous parlez toûjours si
    noblement ;

    Et vous jugez si finement,
    Qu'on ne voit point pour un Ouvrage,
    Un plus glorieux avantage,

Que celuy d'attirer vôtre applaudiße-
    ment.

    Quoy donc ? le mien a fçû vous plaire ?

Illustre VERTEILLAC, je ne fçaurois
    m'en taire :

J'en reßens un tranfport trop rempli de
    douceur,

Pour le renfermer dans mon cœur.
Ce doux transport que je veux suivre,
Va placer vôtre nom à la tête d'un Livre :
Et les CAPRICES DU DESTIN,
Recevront un honneur sans fin,
Quand on verra ce nom illustre,
Qui les ornera de son lustre.
Cependant sans prétendre affoiblir mon
bonheur,
Je veux bien l'avoüer, mon amitié fidelle,
Qui vous a consacré le plus sincere zele,
Vous a séduite en ma faveur.
Oüy, la bonté de vôtre cœur
Sçait en mille & mille manieres,
De vôtre esprit aimable égaler les lu-
mieres :
On ne sçait qui charme le plus,
Ou vos seures clartez, ou vos rares
vertus.
Eh ! quelle noble modestie,
A ce touchant merite est encore assortie !

Tant de charmes divers qu'en vous le
Ciel a mis,
Vous donneront toûjours les plus par-
faits amis.
On reconnoît en vous le digne caractere,
D'une sage & charmante Mere,
Qui dés au sortir du berceau
Vous traça des vertus le sentier le plus
beau.
Si le destin ne fait une horrible injustice,
Vous n'en éprouverez jamais aucun ca-
price ;
Vôtre cœur noble & droit, vôtre esprit
enchanteur,
Meritent toute sa faveur.
Puissent les naïves peintures
De ses bizarres avantures,
Vous marquer à jamais l'ardeur, l'em-
pressement
Du plus fidele attachement.

L'H***

AVERTISSEMENT.

LES diverses Hiſtoires que je donne dans ce Recüeil, racontent chacune en particulier des évenemens qui ſe ſont paſſez dans des temps bien differens : les deux anciennes ſont placées dans des ſiecles très-éloignez, & les quatre modernes font le recit d'avantures arrivées tout recemment. Comme je ne prétends pas que les Acteurs de ces Hiſtoires ſoient reconnus, en conſervant la verité des évenemens, j'ay jetté d'ailleurs tant de voiles ſur les perſonnages, qu'on ne pourra les reconnoître au travers de ces voiles. Quelques perſonnes cependant, par le pur intereſt de la verité, ſouhaiteroient qu'on eut de la pénétration à l'égard d'une de ces Hiſtoires modernes, qui a esté répanduë dans le monde d'une maniere peu fidelle. Ce n'est pas que dans le recit qui en a couru , il y ait rien qui puisse donner la moindre atteinte à la gloire de l'Heroïne de l'Histoire; mais enfin , c'est qu'on n'y a pas raporté les choses comme elles se sont passées; & dans le recit qu'on en donne dans ce Recüeil, on les raconte avec la plus éxacte sincerité.

A l'égard des deux Histoires anciennes, celle de l'Ariane de Hollande est tirée d'un * Auteur fort illustre du douziéme Siecle , qui a esté copié par plusieurs de nos vieux Romanciers, & aussi par divers Auteurs Italiens. Les uns & les autres ont fait des peintures effroyables de ce nouveau Thesée , qui abandonna si indignement cette tendre Princesse, à qui il avoit de si

---

* Richard I. Roy d'Angleterre , surnommé Cœur de Lyon , à cause de son grand courage.

grandes obligations. Du reste ils
ont mis dans cette Histoire cent
bizareries étranges, & y ont fait
un mélange monstrueux des miracles de la vraye Religion, &
des prétendus miracles des faux
Dieux, dont ils parlent toûjours
comme s'ils estoient des Divini-
tez réelles, & à qui ils font faire
sans cesse des prodiges. J'ay tâché à ne pas tomber dans des
fautes si grossieres. J'ay pris seulement le fond de l'Histoire, &
en ay retranché plusieurs choses
qui m'ont paru ou ennuyeuses,
ou du moins inutiles; j'en ay
ajouté beaucoup d'autres, & y
ay mis des épisodes, qui m'ont
paru propres à conserver plus de
vraye-semblance dans l'Histo-
riette, & propres aussi à la conduire d'une maniere plus naturelle à son dénoüement. Mais je
n'ay pas pû me dispenser de conserver la Fable de la Guerre des
Maures contre Charlemagne.

AVERTISSEMENT.

Pour l'Hiſtoire de l'Amazone Françoiſe, elle n'eſt venuë juſqu'à moy que par la tradition. Cette Hiſtoire, (qui apparemment tire auſſi ſon origine de nos anciens Romanciers,) eſt du nombre de celles qui ſe ſont conſervées d'âge en âge ſans eſtre écrites. Cette Fille courageuſe, qui ſous un habit qui déguiſe ſon ſexe, fait tant d'actions dignes des plus vaillans Guerriers, a répandu dans cette Hiſtoire un merveilleux qui a porté à la retenir. J'ay conſervé ſimplement le caractere de Fille vaillante; mais du reſte j'ay ſuprimé beaucoup de faits, & en ay ajoûté encore un plus grand nombre d'autres, qui m'ont paru plus amuſans, & plus convenables au ſujet.

On ne ſera peut-être pas fâché que j'avertiſſe, que dans cette Hiſtoire ancienne j'ay tracé une partie des avantures d'une Fille de qualité de ce Siecle-cy, qui par l'agitation que luy donna un violent revers de la fortune, quitta les habits de son sexe, embrassa la profession des armes, & s'y distingua par des prodiges de valeur, sans que jamais on sçut rien de son déguisement, qu'après qu'elle l'eût quitté. La conformité de sa destinée avec celle de Marmoisan-Leonore me fit prendre le parti de mettre ses principales avantures sous le nom de cette ancienne Guerriere, quoyqu'il soit vray cependant, que leur Histoire cesse de se ressembler au dénoüement : car l'Amazone ancienne trouve un rang glorieux, & dans le lointain un Trône qui l'attend, & l'Amazone moderne, en quittant le métier de la Guerre, pour reprendre les habits de son sexe, alla s'enfermer dans un Cloître, où elle ne voulut plus s'occuper qu'à penser au Ciel.

Les Histoires du temps qui paroissent dans ce Volume , seront suivies dans un second Tome d'Histoires de nos jours d'un pareil goût : & l'on y trouvera aussi des Histoires anciennes du même caractere que celles de ce premier Volume. On luy a donné pour titre, les Caprices du Destin , à cause que par le recit des avantures qu'il contient , il semble assez bien prouver les caprices & les bizareries du sort.

Dans les diverses peintures qui sont dans ces Historiettes , on a tâché d'offrir aux jeunes esprits des tableaux qui puissent les instruire en les divertisant. C'est un des principaux objets qu'on doit se proposer dans ces sortes d'ouvrages , d'y peindre si vivement les charmes brillans de la vertu , & les affreuses noirceurs du vice, que ces images portent insensiblement les jeunes personnes à des réflexions qui perfectionnent leur raison.

APPROBATION.

J'AY lû par ordre de Monseigneur le Chancelier *les Caprices du Destin*, &c. & j'ay crû que le Public en verroit l'impression avec plaisir. Fait à Paris ce 25. Juin 1717. *Signé*, FONTENELLE.

PRIVILEGE DV ROY.

LOUIS, PAR LA GRACE DE DIEU, ROY DE FRANCE ET DE NAVARRE, à nos Amez & Feaux Conseillers, les Gens tenans nos Cours de Parlement, Maître des Requestes ordinaire de Nôtre Hôtel, Grand Conseil : Prevost de Paris, Baillifs, Senéchaux, leurs Lieutenans Civils & autres nos Justiciers qu'il appartiendra, SALUT. nôtre bien amé, PIERRE-MICHEL HUART, Libraire à Paris, Nous ayant fait remontrer qu'il souhaiteroit faire imprimer un manuscrit qui a pour titre, *les Caprices du Destin, ou Recüeil d'Histoires singulieres & agreables, arrivées depuis peu de temps*, s'il Nous plaisoit luy accorder nos Lettres de Privilege fur ce neceffaires. A CES CAUSES voulant favorablement traiter ledit Expofant, Nous luy avons permis & permettons par ces prefentes de faire imprimer ledit Livre en telle forme, marge, caractere, en un ou plufieurs Volumes, conjointement ou feparement, & autant de fois que bon luy femblera, & de le vendre ou faire vendre & débiter par tout nôtre Royaume pendant le temps de cinq années confecutives, à compter du jour de la datte defdites Prefentes; faifons défenfes à toutes fortes de perfonnes de quelque qualité & condition qu'elles foient d'en introduire d'impreffion étrangere dans aucun lieu de nôtre obéïffance; comme auffi à tous Libraires, Imprimeurs, & autres d'imprimer, faire imprimer, vendre, faire vendre, débiter ny contrefaire ledit livre en tout ni en partie, ni d'en faire aucuns extraits, fous quelque prétexte que ce foit d'augmentation, correction, changement de titre ou autrement, fans la permiffion expreffe, & par écrit dudit Expofant, ou de ceux qui auront droit de luy, à peine de confifcation des Exemplaires contrefaits, de quinze cens livres d'amande contre chacun des contrevenans, dont un tiers à Nous, un tiers à l'Hôtel-Dieu de Paris, l'autre tiers audit Exposant, & de tous dépens, dommages & interests : à la charge que ces Presentes seront enregistrées tout au long sur le Registre de la Communauté des Libraires & Imprimeurs de Paris, & ce dans trois mois de la datte d'icelles, que l'impression dudit Livre sera faite dans nôtre Royaume, & non ailleurs, en bon papier, & en beaux caracteres, conformément aux Reglemens de la Librairie ; & qu'avant que de l'exposer en vente, il en sera mis deux exemplaires dans nôtre Bibliotheque publique, un dans celle de nôtre Château du Louvre, & un dans celle de nôtre très-cher & Feal Chevalier, Chancelier de France, le Sieur D'Aguesseau ; le tout à peine de nullité des Presentes ; du contenu desquelles, Vous mandons, & enjoignons de faire joüir l'Exposant ou ses ayans causes, pleinement, & paisiblement, sans souffrir qu'il leur soit fait aucun trouble ou empêchement ; Voulons que la copie desdites Presentes qui sera imprimée au commencement ou à la fin dudit Livre, soit tenuë pour duëment signifiée,

& qu'aux copies collationnées par l'un de nos Amez & Feaux Conseiller & Secretaires foy soit ajoûtée comme à l'Original : Commandons au premier nôtre Huissier ou Sergent , de faire pour l'execution d'icelles , tous Actes requis & necessaires , sans demander autre permission , & nonobstant clameur de Haro , Charte Normande , & Lettres à ce contraires. CAR tel est nôtre plaisir. DONNE' à Paris le treiziéme jour du mois de Juillet , l'an de grace mil sept cent dix-sept , & de nôtre Regne le deuxiéme. *Par le Roy en son Conseil.* FOUQUET.

Regiſtré ſur le Regiſtre IV. de la Communauté des Libraires & Imprimeurs de Paris, page 213. Numero 244. conformément aux Reglemens, & notamment à l'Arreſt du Conſeil du 13. Aouſt 1703. à Paris le 15. Septembre 1717.
DELAULNE , Syndic.

Le juste prix de ce Livre est de 2. l. 5. s.

LA

LA PRINCESSE
OLYMPE,
ou
L'ARIANE
DE HOLLANDE.

DAns le tems que la felicité du Regne triomphant
de Charlemagne fut in-
terompuë par les ravages
que fit la descente des Maures dans
les plus belles Provinces de France, la Hollande, la Flandre & l'Iſle
de la Grande Bretagne étoient
partagées entre pluſieurs petits

A

Souverains, dont la plûpart se firent une loi d'aller secourir l'Empereur contre les Infideles.

Entre ceux à qui la passion d'acquerir de la gloire fit prendre le dessein de quitter leurs Etats pour aller en personne commander leurs Troupes, Birene Duc de Zelande, parut des plus empressez. Ce Prince, outre son courage, avoit mille qualitez propres à le faire distinguer : Il étoit parfaitement bien fait, avoit un air aussi aisé que grand. Toutes ses actions étoient accompagnées d'une grace naturelle, & il avoit l'esprit si brillant & les manieres si polies, qu'il ne manquoit jamais de faire des impressions avantageuses sur le cœur de tous ceux qui l'approchoient.

Quoique Birene fut encore dans une extrême jeunesse, il avoit déja eu diverses passions tendres, son cœur ne s'arrêtoit pas long - temps au même objet; & comme il s'étoit fait une dangereuse habitude de le laisser errer sans aucune contrainte, il differoit à remplir les vœux de ses sujets, qui souhaitoient avec ardeur de le voir s'engager dans le mariage, quoiqu'il eût un frere pour qui ils avoit aussi beaucoup d'affection.

Ce frere n'avoit pas cependant les brillantes qualitez qu'on remarquoit dans son aîné. Il ne paroissoit rien dans sa personne, ni dans ses manieres qui fut propre à faire récrier; mais si ce jeune Prince, qu'on nommoit Valderand, n'avoit pas reçû du Ciel des agrémens exterieurs pareils à ceux de Birene, il étoit partagé d'un esprit si solide & d'un cœur si grand & si genereux, qu'il ne laissoit pas de s'attirer beaucoup d'estime de tous ceux qui vouloient bien se donner le soin d'examiner

A ij

son caractere. Il n'avoit jamais
paru touché pour aucune Belle;
mais on n'étoit pas surpris que l'a-
mour n'eût point encore fait d'impreffion fur un Prince de vingt-
ans ; car en ce temps-là les
Cavaliers ne s'occupoient pas à
coquetter dès en fortant de l'A-
cademie, comme ils font en ce
temps-cy ; ils ne fongeoient qu'à
fe rendre habiles & acquerir de la
gloire ; puis quand ils en avoient
acquis, ils faifoient choix d'une
Dame à qui ils confacroient toute leur tendreffe, toutes leurs démarches, & ils ne s'avifoient pas
feulement d'afpirer à la récom-
penfe de leurs feux qu'après une
longue fuite de fervices & de foins
affidus. Alors ils demandoient ref-
pectueufement leur Dame en mariage : S'ils l'obtenoient, ils con-
fervoient toûjours pour elle, avec
la folidité de l'amitié, toute la vivacité de l'amour. O que l'ufage

est changé ! Birene fut le premier
qui interrompit cet usage ; & comme les modes quelque cours qu'elles ayent ensuite, ont d'abord de
la peine à se faire recevoir, les
Zelandois, qui d'ailleurs idolâ-
troient leur Duc, murmuroient
sans cesse de le voir ainsi papil-
lonner, & cachoient le plus qu'il
leur étoit possible ce défaut aux
étrangers.

Cependant ces peuples étoient
fort affligez de voir Birene les
quitter, pour aller s'exposer aux
dangers d'une guerre perilleuse ;
mais ce Prince qui aimoit beaucoup la gloire & étoit ardent dans
ce qu'il entreprenoit, étoit si occupé des préparatifs de son départ, qu'il fit fort peu d'attention
aux allarmes de ses sujets ; il songea seulement à se servir de toute l'autorité que le droit d'aînesse
& le rang lui donnoient sur son
frere pour empêcher ce jeune

Prince de le ſuivre. Valderand
obéït avec une extrême douleur,
il avoit toûjours aimé tendrement
Birene, Birene l'aimoit de même,
& la Regence de Zelande que luï
laiſſoit ce Duc, n'étoit pas capable de le conſoler de l'abſence
d'un frere cheri, & de la perte
d'une occaſion de ſe ſignaler.

Enfin le Duc de Zelande partit & paſſa par la Cour du Comte
de Hollande avec qui il étoit parfaitement bien. Ce Comte le reçût avec toutes les marques d'une
conſideration la plus obligeante ;
mais quoique Birene fut fort ſenſible aux honnêtetez qu'il en re-
cevoit, il n'y répondit pas avec le
dégagement qui lui étoit ordinaire. Dès la premiere fois qu'il vit le
Comte, la Princeſſe ſa fille étoit
auprès de lui, elle étoit d'une beauté à ébloüir, & Birene fut ſi frappé
de ſes charmes, qu'il en perdit
d'abord toute ſa préſence d'eſpriṭ.

La Princesse de Hollande sembloit être née pour plaire, tous ses traits étoient à la fois réguliers & touchans ; la blancheur & la vivacité de son teint lui donnoient un éclat qu'on avoit peine à soûtenir, & la beauté de sa taille achevoit de la rendre une personne toute charmante. Birene fut touché à sa vûë d'un respect & d'une timidité qui lui avoient été inconnus jusqu'alors, & il se dit plusieurs fois, que ce qu'il avoit senti jusqu'à ce moment pour diverses beautez n'étoit point un veritable amour.

Comme la Princesse de Hollande étoit fort cherie du Comte son pere, Birene ne voyoit presque point ce Prince qu'il ne fut accompagné d'Olimpe, c'est ainsi que se nommoit cette belle Princesse, qui acheva si bien de faire perdre la raison au Duc de Zelande, qu'il oublia quelque tems

qu'il vouloit aller en Biscaye faire
la guerre aux Maures. Mais enfin la gloire se réveillant dans son
ame, il se demanda, ce que
l'on penseroit de lui dans le
monde, si après avoir assemblé
tant de Troupes & témoigné tant
d'ardeur de se signaler ? On voyoit
tout d'un coup cette ardeur s'é-
vanoüir par la vûë d'une belle
personne. Il comprit donc qu'il
falloit poursuivre ses projets de
guerre, quoique l'idée de s'arracher d'auprès d'Olimpe le fit fremir. Il résolut de découvrir du
moins à cette belle Princesse, avant
son départ, la violente passion qu'elle lui avoit inspirée; & il fit mille
vœux au Ciel pour obtenir de
lui, que sans interesser sa gloire, il
pût trouver quelque prétexte pour
faire ensorte que son départ ne
fut point si prompt. Le hazard
seconda ses souhaits ; les vents de-
vinrent si contraires à son embar-

quement, qu'une heureuse necessité l'obligea de rester à la Cour de Hollande.

Cependant il avoit le plaisir de voir à tous momens la belle Olimpe. Comme le Comte de Hollande étoit veuf, cette Princesse tenoit le premier rang à la Cour, & ses freres qui étoient deux jeunes Princes fort bien faits avoient pour une sœur si charmante une tendresse & une complaisance qui cedoit peu à celle de leur pere. Ainsi & le pere & les fils prévenoient les desirs d'Olimpe dans tout ce qui pouvoit contribuer à la divertir & à la rendre heureuse. Le sejour du Duc de Zelande en cette Cour fut encore un nouveau sujet de divertissemens & de fêtes. Ce Prince fit éclater dans toutes ces occasions son adresse & sa galanterie, & trouva enfin un moment favorable pour expliquer à la Princesse les sentimens qu'il avoit pour elle. Il les lui fit connoître avec toute la vivacité & la crainte d'un cœur penetré d'amour & de respect. Elle lui répondit avec beaucoup de modestie, mais cependant il démesla qu'elle n'étoit point contraire au dessein qu'il formoit d'aspirer à sa possession.

La Princesse de Hollande avoit senti tant de penchant pour Birene dès la premiere fois qu'elle l'avoit vû, que depuis que ce Prince étoit à la Cour du Comte son pere, elle avoit toûjours été occupée à combattre ce penchant; qu'elle n'osoit même se permettre de connoître entierement. Elle n'avoit jamais rien aimé, & tâchoit de se cacher que ce qu'elle sentoit pour le Duc de Zélande fût une passion naissante : Cependant sans donner un nom à cette inclination elle songeoit à la vaincre, & rougissoit de honte en secret d'être si touchée pour un Prince qui

n'auroit peut-être jamais pour elle
que de l'indifference. Mais quand
Birene lui declara l'ardeur violente qu'il sentoit pour ses charmes.,
ce ne fut pas sans peine qu'elle
cacha sa joye & qu'elle répondit
à ce Prince avec tant de reserve.
Quand elle ne fut plus en danger
d'aimer seule, elle cessa de faire
des efforts pour détruire un penchant qui paroissoit si doux à son
cœur, & elle connut a'ors que
tous les sentimens qui l'entraînoient vers le Duc de Zelande
étoient l'effet d'une veritable tendresse. Comme il trouvoit à tous
momens des occasions de la voir
& de lui parler, il lui peignit si
souvent la force & la délicatesse
de son amour, qu'enfin elle lui
avoüa les impressions favorables
qu'il avoit faites sur son cœur,
& ils concerterent ensemble qu'à
son retour il demanderoit l'agrément du Comte de Hollande pour
l'épouser.   A vj

Cependant cet obligeant consentement d'Olimpe ne rassura
point encore assez la tendresse
allarmée du Duc de Zelande, il
falloit quitter sa Princesse, & il
craignoit tout de l'absence & des
rivaux. Il fit à Olimpe mille sermens d'une fidelité éternelle, il
en reçût de reciproques, sans que
son inquiétude en fut calmée.
Voyant que cette charmante personne faisoit tous ses efforts pour
adoucir ses chagrins, qu'elle par-
tageoit même très-tendrement par
ses larmes, il se hazarda de lui pro-
pôser d'accepter sa foy & de lui
donner la sienne pour être sûr de
l'éternelle solidité de leur chaîne.
Olimpe eut d'abord de la peine à
s'y résoudre, n'ayant point l'aveu
de son pere pour se lier par ce
grand engagement; mais comme
elle espera que Birene l'obtiendroit
aisément de ce Comte pour épouse
à son retour de Biscaye, elle se per-

suada que son mariage se feroit
sans que son pere fut informé qu'elle avoit osé promettre sa main sans
ses ordres : Ainsi flatée par toutes
ces favorables esperances, ses scru-
pules sur l'exacte bienseance ne
purent tenir long-tems contre les
prieres & les larmes de Birene ;
elle ne doutoit point que si la situation présente de ce Prince lui
avoit permis de demander en forme l'alliance du Comte son pere,
il ne l'eût obtenuë ; mais elle sçavoit qu'il falloit accompagner cette demande d'un certain éclat &
de certaines ceremonies , qu'on
ne pouvoit mettre en usage à la
veille d'un départ pour une cruelle
guerre. Elle trouvoit d'ailleurs
qu'il seroit injuste que le Duc de
Zelande fut la victime de ces fâcheux contre-tems, qui pourroient
même la ravir à son amour, si elle
ne prenoit soin de s'opposer à un
si fatal destin. Avec de pareilles

refléxions, emportée par son penchant, & dans l'espoir de ne point déplaire à son pere, elle consentit enfin que Birene & elle se donnassent une foy mutuelle qui leur seroit un gage asseuré du nœud sacré dont ils vouloient être liez à l'avenir. Après une assurance si chere le Duc de Zelande partit avec plus de tranquilité. Les deux Princes de Hollande eussent bien souhaité d'aller chercher la gloire avec ce Duc, mais le Comte leur pere ne voulut jamais leur permettre de s'aller exposer si jeunes aux perils de la guerre.

A peine le Duc de Zelande fut-il arrivé en Biscaye qu'il signala son courage contre les Maures d'une maniere qui lui acquit une estime generale. Mais quoiqu'il fut très-sensible à l'éclat naissant de sa réputation, il ne pouvoit se consoler de l'absence de la Princesse qui l'avoit charmé. Cependant il eût bien-tôt à souffrir des maux beaucoup p'us cruels encore que ceux de l'absence.

Quelque tems après qu'il fut parti de Hollande, le Roy de Frise, dont les Etats n'étoient séparez de ceux du Comte de Hollande que par un Fleuve, envoya demander en mariage la Princesse Olimpe pour son fils. Le Comte de Hollande fit d'abord une réponse favorable à l'Ambassadeur; mais quand il s'en expliqua avec la Princesse, qu'elle lui eût fait connoître ses sentimens, & qu'en lui en demandant pardon elle lui eût avoüé l'engagement où elle étoit avec le Duc de Zelande; loin d'être de ces peres tiranniques qui veulent qu'on sacrifie tout à l'obéïssance qu'on leur doit, il ne voulut point contraindre sa fille, il se contenta de la blâmer legerement d'avoir disposé de son cœur sans son ordre, & il retira la parole qu'il avoit donnée.

Le Roy de Frise se sentit si offensé de ce refus, qu'il declara la guerre au Comte. Il arma puissamment & vint attaquer la Hollande de toutes parts. On songea à se défendre vigoureusement, & dans cette extremité le Comte fut obligé d'accorder aux Princes ses fils la permission de se mettre en campagne. Comme on ne cherchoit qu'à se joindre, il y eût bientôt une bataille. Les deux freres d'Olimpe y donnerent mille marques de valeur; mais la fortune les seconda si mal, que ces deux Princes y perdirent la vie, sans pouvoir empêcher la déroute de leur Armée. La perte de cette Bataille fit ouvrir les portes de quantité de Villes au Roy de Frise, & le Comte de Hollande outré d'une douleur mortelle fut contraint d'en venir à une seconde Bataille, où il ne fut pas plus heureux que

dans la premiere. Ce Prince infortuné se vid obligé de se retirer
dans un Fort ; & comme il se préparoit à faire une sortie, il fut tué
par le Roy de Frise avec une arme qui avoit été inconnuë aux
Hollandois jusqu'à ce jour. Elle
portoit de si loin, & faisoit tant de
bruit, que ses effets les faisoient
tous fremir d'effroy.

La Princesse de Hollande accablée d'un desespoir le plus violent par la mort de son pere & de
ses freres, ne laissa pas cependant
abbattre son courage, elle continua de se défendre avec fermeté.
Quelques jours après la mort du
Comte son pere, le Roy de Frise
lui fit faire des propositions de
paix : mais comme elles ne s'ac-
commodoient ni avec sa douleur,
ni avec ce qu'elle sentoit pour le
Duc de Zelande, elle répondit à
ceux qui lui parlerent de la part
de ce Roy, que si elle ne pouvoit

defarmer fon ennemi qu'en épou-
fant fon fils, elle expoferoit plutôt
le refte de fes Etats, fa liberté &
fa vie, que de fe marier à un
Prince qu'elle ne pourroit jamais
regarder qu'avec horreur étant le
meurtrier de toute fa famille.

Les Sujets d'Olimpe s'efforce-
rent de la faire changer de fentiment; mais voyant qu'ils étoient
preffez & qu'elle demeuroit ferme
dans fa réfolution, malgré l'a-
mour qu'ils avoient toûjours témoigné pour elle, ils firent leur ac-
commodement, & ils eurent la lâ-
cheté de mettre leur Princeffe entre les mains de fon plus cruel
ennemi.

Il prit d'abord des manieres
douces pour l'amener au point
qu'il fouhaitoit, en lui laiffant voir
neanmoins qu'il y alloit de fa vie
fi elle refufoit d'époufer fon fils.
Le peu de foin que prit la Princeffe de cacher fon averfion lui

attira mille fâcheux traitemens
qui la firent réfoudre à feindre.
Elle demanda du tems pour ef-
fuyer fes larmes, que le fouvenir
de fes infortunes faifoit encore
couler. Le Roy de Frife lui accorda avec joye ce qu'elle demandoit.

Olimpe qui n'avoit cherché
qu'à gagner du tems fongea à profiter de celui qu'on lui avoit laiffé.
Elle avoit auprès d'elle deux Gentilshommes qui avoient toûjours
été fort attachez aux interêts du
Comte fon pere, & fi parfaitement
dévoüez au fien, qu'ils comp-
toient pour rien d'expofer leur
vie en la fervant. Ces Gentilshommes étoient freres, & la chronique porte que tous deux a-
voient pris un amour ardent pour
la Princeffe à laquelle leur fortune les avoit d'abord attachez.
Mais cet amour ne leur avoit jamais laiffé échaper un feul foûpir

qui pût marquer qu'ils oublioient
ce qu'ils devoient à la fille de leur
Souverain ; & comme la mode
regnoit encore en ce tems-là d'aimer ſans but, ſans interêt, &
même ſans aucune eſperance, ces
deux freres ſans s'être confiez
leurs ſentimens paſſionnez avoient
pris ſéparément les mêmes réſo-
lutions. Ils avoient formé le deſſein de conſerver toute leur vie la
tendreſſe qu'ils ſentoient pour
Olimpe ; mais de l'aſſujettir ſi bien
au reſpect, qu'elle fut enſevelie
dans un ſilence éternel ; ils bornoient tous leurs deſirs au plaiſir
de voir & de ſervir l'objet qu'ils
adoroient. Quelle délicateſſe heroïque ! Où trouveroit-on aujourd'hui des amans ſi déſintereſ-
ſez ? Mais on voit bien que les
neuf ſiecles qui ſe ſont écoulez
depuis Charlemagne juſqu'à nous
ont apporté un étrange changement dans les ſentimens ; car non

seulement on ne veut point suivre des exemples si beaux, mais on traite l'amour délicat de romanesque & de chimerique: il étoit au contraire si fort en usage du tems dont nous parlons, qu'on avoit attaché beaucoup de honte à l'amour interessé & inconstant; c'est pourquoy les Sujets de Birene avoient caché avec tant de soin les legeretez de leur Prince, qu'Olimpe n'en avoit jamais entendu parler. Elle croyoit être la premiere passion du Duc de Zelande, & étoit persuadée qu'il l'aimeroit jusqu'au dernier moment de sa vie. Cette Princesse ne songeoit donc qu'à se conserver pour un amant qui lui paroissoit si digne de sa tendresse.

Dans cette pensée elle s'ouvrit aux deux Gentilshommes dont nous avons parlé; & comme il lui restoit encore quelques Places en Flandre, elle fit partir l'aîné qu'on

nommoit Hunoric, avec ordre de
faire équiper un Vaiſſeau & de
lui amener avec beaucoup de ſecret ; elle fit reſter auprès d'elle
le frere cadet d'Hunoric, qu'on
nommoit Ferantrec ; elle n'étoit
plus ſi obſervée, & il leur parut
à tous qu'elle pourroit aiſément
ſe ſauver. Quoique les deux Gentilshommes ſçûſſent bien qu'O-
limpe n'aſpiroit avec tant d'ardeur
à être en liberté que pour ſe donner au Duc de Zelande, loin d'ê-
tre jaloux du bonheur de ce Prince, ils ne ſongerent qu'à l'avancer. Leur Princeſſe l'aimoit, elle
trouvoit de la douceur à être à
lui ; ſuivant toûjours le caractere
déſintereſſé de leur amour, ils firent toute leur étude de ſatisfaire
Olimpe, & agirent pour elle avec
toute l'affection des plus zelez ſujets & l'ardeur des amans les plus
paſſionnez. La Princeſſe ne s'é-
toit jamais apperçûë le moins du

monde de la tendreſſe qu'elle leur
avoit inſpirée ; elle avoit toûjours
regardé leur dévoüement à la ſervir comme un zele de fideles ſujets & de genereux courtiſans.

Cependant on préparoit tout
pour le mariage de la Princeſſe
de Hollande, lorſque le Roy de
Friſe eût avis que le Duc de Zelande venoit avec une puiſſante
Armée navale. Quand le Comte
de Hollande eût perdu la premiere Bataille, Olimpe avoit envoyé
un Courier à Birene qui lui avoit
appris l'extremité où ſon pere &
elle étoient réduits : c'étoit ſur
cette nouvelle que le Duc de Zelande venoit plein d'impatience à
ſon ſecours. Valderand ſe préparoit à le joindre, lorſque ce jeune
Prince fut attaqué par une cruelle
maladie qui le jetta pluſieurs fois
dans des convulſions qui paroiſ-
ſoient mortelles, & qui lui ôterent
un tems aſſez long l'uſage de la

raison, ce qui fut un accident très-
fatal pour le Duc.

Le Roy de Frise au contraire
trouvoit tout favorable pour lui ;
il se mit promptement en Mer, &
laissa au Prince son fils le soin d'a-
chever ses nôces. Il joignit le
Duc de Zelande, & les vents & la
Mer étant conjurez contre le
Duc, le Roy défit toute son Armée, & malgré sa courageuse résistance le fit prisonnier. La Princesse de Hollande ignoroit cette
cruelle avanture ; & comme au
contraire elle esperoit que la fortune favoriseroit la valeur de son
amant, elle n'étoit occupée que
du soin de se dérober à un mariage odieux. Elle attendoit donc
avec la derniere impatience Hunoric qu'elle avoit envoyé en
Flandre ; mais malgré l'ardeur de
ses vœux il ne revenoit point,
& enfin le Prince de Frise la força de lui donner la main. Le jour

de cette funeste ceremonie, comme elle se voyoit séparée pour toûjours du Duc de Zelande, elle se résolut à se donner la mort; & pour ne pas rencontrer d'obstacle à son dessein, après s'être dégagé adroitement de la foule qui l'environnoit, elle s'enferma dans son cabinet. Le Prince de Frise étoit occupé à faire les honneurs de son Palais à quelques Seigneurs étrangers que le bruit de son mariage avoit attirez.

Dans le moment qu'Olimpe alloit s'abandonner à son desespoir, Ferantrec la vint avertir que son frere avoit amené un Vaisseau de Flandre; qu'il n'y avoit plus qu'à trouver les moyens de sortir du Palais devant que le Prince passât à l'appartement où elle étoit. La nuit étoit déja avancée. La Princesse convint avec Ferantrec qu'il se cacheroit dans son cabinet; & que pour obliger ses fem-

B

mes à se retirer, elle se mettroit au lit, & qu'auffi-tôt qu'elle & ce Gentilhomme feroient feuls, il attacheroit à fa fenêtre une échelle de corde qu'il avoit apportée, & qu'il la defcenderoit de cette maniere, la hauteur n'étant pas confiderable. La Princeffe fit ce qu'elle avoit réfolu. Lorfqu'elle fut feule, elle fe leva avec précipitation. Ferantrec la defcendit fort heureufement. A peine étoit-elle à terre que Hunoric qui l'attendoit la prit dans fes bras & l'emporta dans le Vaiffeau à la faveur de la nuit. Ferantrec arriva peu de tems après. Ils mirent les voiles au vent, & il leur fut fi favorable, qu'il les éloigna bien-tôt d'un lieu où ils avoient tout à craindre. •

Quand la Princeffe de Hollande fut un peu revenuë de l'agitation que lui avoit caufé la peur de retomber au pouvoir de fes enne-

mis, elle voulut marquer sa reconnoissance à ses liberateurs. Je
vous ai vangé, ma Princesse, lui
dit Ferantrec, & si le Duc de Zelande étoit assez heureux pour
sacrifier le pere, comme je viens
de vous immoler le fils, vous ne
seriez pas réduite à la cruelle nécessité d'abandonner vos Etats.
Quoi, s'écria Olimpe avec beaucoup d'étonnement, vous avez
tué le Prince de Frise ? C'en est
fait, Madame, repliqua-t-il, je
ne pouvois conserver sa vie sans
vous perdre. Lorsque je me pré-
parois à vous suivre, ce Prince
est entré dans votre chambre, il
n'étoit suivi de personne, peut-
être pour s'épargner la confusion
d'être mal reçû de vous devant
le monde. Il fut surpris de me
rencontrer dans un lieu où je ne
devois pas être ; je ne lui donnai
pas le tems d'en demander la cause, mon imagination me peignit

fi bien dans ce moment votre defefpoir, fi vous retombiez en fa puif-
fance , que je ne balançai pas à
mettre l'é, ée à la main , je le con-
traignis de l'y mettre auli pour fe
défendre, & je lui portai d'abord
un coup fi jufte, que je n'ai pas
eu befoin de redoubler. Il eft
tombé fans vie, & je fuis defcen-
du fans aucun obftacle.

Comme Olimpe étoit fort ge-
nereufe, elle ne laiffa pas de
plaindre la deftinée du Prince de
Frife. Cependant elle étoit bien
en peine de fçavoir quel fuccès
auroient eu les armes du Duc de
Zelande : Mais elle n'eût pas plutôt pris terre à un Port de Picar-
die, où elle avoit réfolu de s'arrêter, qu'elle apprit la malheu-
reufe défaite de ce Prince & fa
prifon.

Cependant le Roi de Frife qui
s'en revenoit tout fier de fa victoire, arriva le jour qui fuivit celui

de la mort de son fils. Au lieu de
fêtes & de jeux qu'il croyoit trouver dans son Palais, il n'y ren-
contra que des sujets de desespoir. Je ne sçai duquel il fut plus
occupé, ou de la mort de ce Prince, ou du desir de se vanger. La
fureur s'empara de telle sorte de
son ame, qu'il fit mourir tous
ceux qu'il soupçonnoit d'être dans
les interêts d'Olimpe. Il la fit
chercher avec une fort grande
exactitude : mais voyant que ses
soins étoient inutiles, il fit réfléxion qu'il pouvoit se vanger d'elle
encore plus cruellement, en faisant mourir le Duc de Zelande.
Mais il changea de dessein, & se
résolut de se servir de la tendresse
qu'il sçavoit qu'Olimpe avoit
pour ce Prince, afin de les perdre tous deux. Il fit publier que
la vie du Duc de Zelande étoit
au pouvoir de la Princesse de
Hollande, & que pour la lui sau-

ver, elle n'avoit qu'à venir prendre fa place. Cette publication revint auffi-tôt à Olimpe, & elle n'auroit pas balancé à fe facrifier pour un Prince qui lui étoit fi cher, fi elle avoit eu un garand de la bonne foy de fon ennemi.

Mais elle fit refléxion qu'il ne vouloit aparemment qu'augmenter le nombre de fes victimes. C'eft ce qui lui donna lieu de prendre d'autres voyes. Cette Princeffe engagea toutes les Places qu'elle avoit en Flandre, & n'épargna rien pour corrompre les Gardes de fon amant, mais elle ne pût y réuffir. Elle envoya Hunoric vers les Allemans, & Ferantrec vers les Anglois, pour tâcher de faire entrer ces deux Peuples dans fa querelle ; mais malgré tout le zele & les foins de fes Ambaffadeurs, ils n'obtinrent que des paroles fans effets.

Olimpe defefperée de voir que

tous les mouvemens qu'elle s'étoit
donnez n'avoient produit aucun
fruit, résolut enfin de tenter à
sauver le Duc de Zelande en se
mettant à sa place; mais elle vouloit être accompagnée de quelque brave Chevalier, pour la
présenter au Roy de Frise, afin
d'obliger ce Prince cruel, en la
remettant entre ses mains, de
rendre la liberté au Duc de Zelande. Comme en ce tems-là l'Europe étoit remplie de Paladins &
& de Chevaliers errans qui alloient par le monde chercher les
avantures, la Princesse fit prier
tous ceux qui passoient par le lieu
où elle étoit, de lui venir parler.
Elle leur exposoit le sujet de ses
douleurs, & le besoin qu'elle avoit
de leur secours. Mais d'un grand
nombre à qui elle s'expliqua, aucun n'eût assez de fermeté pour
se résoudre à vouloir bien l'accompagner dans ses perilleux

voyages. Ils redoutoient les armes du Roy de Frise, & ne vouloient rien avoir à démêler avec ce Prince barbare. Ainsi l'infortunée Olimpe, malgré ses malheurs & sa beauté, vit des hommes qui faisoient profession de servir les Dames, & de chercher les dangers, insensibles à ses larmes. Pour conserver quelques dehors, ils se contentoient de la plaindre & de lui donner des conseils vagues qu'il étoit impossible d'executer. Quoique ce tems-là valut mieux que celui-ci, déja on cherchoit souvent à se parer des qualitez qu'on n'avoit pas, & comme de nos jours, tel se piquoit de cherir la Justice & de braver la mort, qui voyoit tranquillement triompher le crime, & aimoit fort la vie.

La Princesse ne sçachant plus quel parti prendre regretoit amerement l'absence de ses deux fide les Gentilshommes. Elle avoit auprès d'elle un Ecuyer qui lui étoit aussi fort affectionné. Il s'étoit sauvé de la fureur du Roy de Frise avec une des Filles d'Olimpe, & ils étoient venus trouver cette Princesse au Port où elle s'étoit retirée; mais comme cet Ecuyer étoit chargé d'années, il ne la pouvoit servir que de ses conseils & de ses soins; son bras ne pouvoit agir. Cependant plein de zele pour sa Princesse, le défaut de courage qu'il avoit vû dans tous les Chevaliers à qui elle s'étoit adressée, ne le rebuta point; il espera que le Ciel leur en envoyeroit quelqu'un plus genereux, & il continua à amener à Olimpe tous ceux qui passoient dans la Ville où elle étoit. Enfin, un jour il en vit un dont la belle taille & le grand air faisoient des impressions favorables sur tous ceux qui le regardoient. Il abor-

da civilement ce Chevalier, &
lui dit, qu'une Dame d'une beauté & d'une qualité fort diſtinguée
le prioit qu'elle le pût entretenir
quelques momens pour lui demander conſeil ſur une avanture
chagrinante qui lui étoit arrivée.
Il ajoûta que tous les Chevaliers
qui paſſoient dans cette Ville lui
avoient accordé cette grace, &
que ſi les apparences n'étoient
point trompeuſes, il n'en attendoit pas moins de lui.

Quoique ce Chevalier parût
fort occupé & fort inquiet, il ne
ſe diſpenſa point d'accorder à l'E-
cuyer ce qu'il lui demandoit. Il
ſe fit conduire au Château où
étoit la Princeſſe de Hollande.
On ne voyoit rien dans ce lieu
qui n'inſpirât de la triſteſſe. Son
Appartement étoit tendu de noir,
ſon habit marquoit auſſi un fort
grand deüil, & l'abattement qui
paroiſſoit ſur ſon viſage, faiſoit

juger que sa douleur étoit encore
plus vive que tout ce qui s'offroit
aux yeux n'étoit lugubre. Elle
reçût l'Inconnu avec beaucoup
d'honnêteté, & après qu'elle l'eût
fait asseoir, elle lui raconta tous
ses malheurs, & finit en lui ap-
prenant le peu de fermeté des
Chevaliers à qui elle s'étoit adressée, puis elle ajoûta : Pour vous,
Seigneur, si votre valeur répond
à tout ce qui paroît en votre personne, vous devez être aussi brave qu'Alexandre, & rien ne sera
capable de vous empêcher de
m'accorder la grace que je vous
demande. Je me suis déja faite une
si haute idée de votre generosité,
que je ne doute point que le Duc
de Zelande ne soit bien-tôt hors
de peril, si vous entreprenez de le
défendre. Olimpe accompagna
ses discours de tant de larmes &
de soûpirs, que le Chevalier à qui
elle parloit en fut sensiblement

touché. La pitié & le defir d'acquerir de la gloire, lui fit prendre fans balancer le parti de cette
Princeffe. il lui jura qu'il feroit
pour elle plus qu'elle ne lui demandoit, & l'obligea de partir
avec lui dans le même moment.

Ce brave Inconnu étoit le fameux Roland Comte d'Angers,
neveu de l'Empereur Charlemagne. Le fecours que ce Comte
donnoit à Olimpe étoit d'autant
plus genereux, qu'il étoit occupé
d'une paffion qui l'appelloit ailleurs. Il étoit violemment amoureux d'Angelique Reine de Catay. Cette belle Princeffe qu'on
gardoit au Camp de Charlemagne, avoit trouvé le moyen
de prendre la fuite, & le Comte
d'Angers fur des fonges & des
vifions chimeriques, oublioit ce
qu'il devoit à l'Empereur, & ce
qu'il fe devoit à foi-même, pour
courir après une ingrate qu'il a-

voit toûjours adoré en vain. Cependant pour cette ingrate il s'ex-
poſoit à la colere d'un oncle qui
lui étoit fort cher, & offenſoit la
gloire dont ordinairement il étoit
idolâtre, tant les charmes ſéduc-
teurs d'une coquette font des effets dangereux, même juſques ſur
le cœur des plus grands hommes.

Le Comte Roland ſe fit connoître à Olimpe, & elle ne douta
point de l'heureux ſuccès de ſes
deſſeins dès qu'elle ſçut que c'é-
toit ce vaillant Prince qui alloit
agir pour elle. Cependant quelque
diſpoſé que fut le Comte d'Angers
à ſervir la Princeſſe de Hollande,
il ne laiſſoit pas de faire de triſtes
réflexions ſur le beſoin que la
Reine de Catay pourroit avoir de
ſon bras, à l'occaſion de certaine
avanture tragique qui menaçoit
toutes les belles perſonnes, & à
quoi elle pourroit peut-être ſe voir

exposée par son mauvais destin.
Il pensoit à ce qu'on lui avoit raconté de ce fatal danger qui menaçoit toutes les belles Dames de
l'Europe, que leur sort laisseroit
conduire dans l'Isle de Bude. Les
songes qu'il avoit fait, où il avoit
cru voir Angelique mourante, &
qui lui demandoit secours, lui revenoient sans cesse dans l'esprit,
& tout cela ensemble lui donnoit
des impatiences extrêmes de finir
l'entreprise où il s'étoit engagé.

Le vent lui fut si favorable,
qu'il sembloit qu'il fut d'intelli-
gence avec ses desirs, & avec ceux
d'Olimpe. Ils arriverent bien-tôt
en Hollande. Le Comte d'Angers qui ne vouloit pas exposer la
Princesse, l'obligea à rester dans
son Vaisseau, & d'y attendre son
retour. Il se fit mettre à terre,
monta à cheval, & prit le chemin
de la Ville. Ma Chronique ne dit
point de quelle Ville de Hollande

c'étoit ; mais du moins ce n'étoit
pas d'Amsterdam. Il étoit alors
bien éloigné d'être connu, puis
qu'à present, il n'y a guere plus
de deux cens ans qu'il est en possession de cet avantage. Peut être
étoit-ce de Gravenhaghe, autrement la Haye, où dans ces sie-
cles reculez les Comtes de Hollande tenoient ordinairement leur
Cour.

Enfin de quelque Ville que ce
fut dont le Comte Roland prit la
route, mes Memoires assurent qu'il
en trouva les portes bien gardées,
& cela n'est point étonnant. On
est toûjours sous les armes dans
les Villes frontieres, particulierement quand il y a peu qu'elles sont
usurpées. Le Comte fit dire au
Roy de Frise qu'un Chevalier
l'attendoit pour se battre avec lui
avec ces conditions, que si ce
Prince étoit vaincu, il donneroit
la liberté au Duc de Zelande : &

que si le Chevalier avoit du desavantage, il remettroit en son pouvoir la Princesse Olimpe. Ces sortes de combats étoient entierement d'usage en ce temps là, pour
décider des differens de toutes
especes ; les braves hommes ne
prenoient pas d'autres voyes dans
ce siecle de Paladins.

Le Roy de Frise qui n'étoit
ni scrupuleux, ni accoutumé à
se signaler par des actions éclatantes, feignit d'accepter le parti.
Mais ce perfide fit armer trente
hommes, & leur donna ordre de
sortir par une fosse porte, afin d'in-
vestir son ennemi, de crainte qu'il
ne lui échapât ; & pour ne pas
donner de soupçon au Comte
d'Angers, il l'alla trouver seul, se
promettant une victoire si assurée,
qu'il ne crut pas avoir besoin
du secours d'une Arquebuse qu'il
portoit ordinairement, dont l'usage étoit encore inconnu à la pluspart

part des Nations. Je ne ſçais de
quelle maniere elle lui étoit tombée entre les mains, & qui lui avoit
apprit à s'en ſervir ; mais cette arme le rendoit redoutable à tous
ſes ennemis. S'il eût connu la valeur du Comte, il ne l'auroit pas
negligée.

Le Roy de Friſe ne le vit pas
pluſtôt, qu'il donna le ſignal à ſes
gens qui le chargerent d'abord.
Un homme moins intrepide auroit
eu quelque effroy. Mais les Paladins du temps de Carlemagne ;
& ſur tout Roland, n'en prenoient
pas pour ſi peu de choſe, que de
voir trente hommes les attaquer.
Le vaillant Prince voyant la lâ-
cheté de ſon ennemi tira ſa redoutable épée, & porta des coups ſi
terribles, qu'il renverſa tout ce
qui s'oppoſoit à ſon paſſage, une
partie de ſes aſſaſſins tomberent
morts ou bleſſez, & le reſte prit
la fuite. C'eſt ainſi qu'en uſoient

C

de tels Chevaliers errans. Le Roi
voyant le mauvais succès de sa trahison, crioit aux siens que l'on ap-
portât son arme à feu ; mais il
n'étoit point écouté, chacun ne
pensoit qu'à sauver sa vie.

Ce traistre se voyant abandonné, & n'ayant pas assez de courage pour faire tête à un Chevalier si brave, gagna la Ville dans
le dessein de s'y renfermer. Le
Comte le suivit avec beaucoup de
vîtesse ; mais il ne pût l'atteindre.
Il revint peu de temps aprés avec
cette arme si redoutable, bien
resolu de ne faire aucun quartier
à son ennemi ; mais pour finir
comme il avoit commencé, il n'alla pas à sa rencontre, il l'attendit
à un détour, & tira, mais si peu
juste qu'il ne tua que le Cheval de
Roland qui n'étoit pas Brideor. Le
Comte se releva avec une promp-
titude extrême, & courut tout fu-
rieux aprés ce lasche Prince, qui

étoit si éperdu, qu'il n'avoit pas la force de pousser son Cheval. Il lui déchargea sur son Casque un si terrible coup, qu'il tomba mort à ses pieds.

Le Comte d'Angers entendit dans ce moment un fort grand bruit d'armes & de cris. C'étoit les Zelandois qui venoient pour délivrer leur Duc que ce Roy barbare retenoit si injustement prisonnier. Ils avoient trouvé les portes de la Ville ouvertes, & sans gardes. Le Peuple fut d'abord si effrayé, qu'il se rendit à discretion à leur Chef, qui étoit le Comte de Salvata, parent du Duc de Zelande ; mais il étoit si animé, qu'il commanda qu'on fit main basse sur ces malheureux. Le Comte d'Angers empescha qu'on ne confondit l'innocent avec le coupable. On distingua les Hollandois, & presque tout les Frisons furent taillez en piéces. Le Com-

C ij

te d'Angers courût à la prison du Duc de Zelande, en fit rompre les portes, & lui apprit qu'il étoit en liberté. Ce Prince embraßa son liberateur, & lui marqua sa reconnoißance, dans des termes proportionnez à la grandeur de l'obligation qu'il lui avoit.

Aprés que le Comte d'Angers lui eut dit en peu de mots tout ce qui c'étoit paßé ; & que la Princeße Olimpe étoit dans son Vaißeau, le Duc le pria de l'y conduire. Il apprit du Comte de Salvata, qu'une maladie mortelle avoit empesché le Prince Valderand de se mettre à la tête des Zelandois, pour le venir délivrer. Birene laißa son parent dans la Ville pour calmer le desordre, & prit avec le Comte d'Angers le chemin de la Mer. Il seroit difficile d'exprimer la joye de ces deux amans dans cette entrevûë. Ils ne se pouvoient laßer de rendre graces à

celui qui leur procuroit le plaifir
de fe revoir. Le Comte Roland ne
voulut point les quitter qu'il n'eût
rétabli cette Princeffe dans fes
Etats, & qu'elle n'eût époufé le
Duc de Zelande.

La maniere dont la Princeffe
de Hollande fut reçuë de fes fu-
jets, fit connoître qu'elle en étoit
generalement aimée. Ils pafferent
dans ce moment de la douleur à la
joye. Le choix qu'elle avoit fait
leur étoit fi agreable, qu'ils fe fou-
mirent avec plaifir au Duc de Zelande. Son mariage avec la Princeffe fut fuivi de réjouiffances
univerfelles; & il fe trouva d'a-
bord le plus heureux des mortels, de fe voir uni avec une Princeffe auffi accomplie qu'Olimpe.
Mais cet époux qui paroiffoit fi
digne d'elle, & qui faifoit toute
fa felicité, perdit bien-tôt la tendreffe qu'il avoit pour elle, & repondit fort mal à l'attachement

ardent & sincere qu'une si charmante épouse avoit pour lui. Il
avoit commencé l'usage de l'in-
constance en amour ; il voulut
aussi commencer celui de l'infidelité dans le mariage ; & dans
un siecle où la bonne foy regnoit
encore , il fit voir déja qu'il étoit
de l'humeur dont sont aujourd'hui
la pluspart des hommes, qui ne
trouvent rien de plus lassant, que
d'être attachez toute leur vie à
une même personne. Mais ce Prince qui avoit d'abord une sorte de
honte du changement subit de ses
sentimens , cacha quelque temps
sous de beaux dehors, la froideur
effective qu'il sentoit pour son
épouse.

Cependant le Comte d'Angers
quitta la Hollande , & ne voulut
pour toute recompense de ses services , que l'Arquebuse du Roy
de Frise. Ce n'étoit pas pour s'en
servir , puisqu'aussi-tôt qu'il fut en

pleine Mer, il l'y jetta, en difant, jamais Chevalier ne fe fervira de toi, arme funefte & déteftable, qui n'a pû être inventée que par les démons, je te renvoye dans l'enfer qui t'a produite. Mais cette précaution fut inutile ; elle en fut retirée plufieurs années aprés par un plongeon Mathematicien, & portée en Allemagne, où on la mit en ufage ; depuis elle paffa en France, & en Italie, & chez la plufpart des autres nations. Et comme les efprits font devenus plus ingenieux dans la fuite des temps, on en a fait de plufieurs efpeces, & qui font beaucoup plus dangereufes. Etrange aveuglement des hommes ! de travailler avec tant d'art & tant d'induftrie pour fe détruire.

Mais quittons les reflexions morales, & laiffons auffi voguer le Comte d'Angers vers l'Ifle fatale où il croyoit que fa Princeffe pour-

roit avoir befoin de fon fecours.
Ce Comte aimoit encore à la maniere des temps les plus reculez ;
il n'avoit refpiré aucun mauvais
air auprès de Birene, & il fe feroit fait un crime de la moindre
penfée d'inconftance. Mais encore
une fois, laiffons-le aller où fon
amour l'appelle, & reprenons
l'hiftoire de la Princeffe Olimpe.

Elle avoit aimé jufquà facrifier
fes Etats & fa vie ; & pour prix
d'un amour fi tendre & fi genereux, elle fe voit cruellement abandonnée du Duc de Zelande, de
qui l'ardeur lui avoit toûjours paru fi vive & fi naturelle. Cependant lors qu'il ne devoit être occupé que de fon amour & de fa reconnoiffance, il joignit le crime à
l'infidelité.

Le Roy de Frife avoit laiffé une
fille, qui avoit fait tous fes efforts
pour fe cacher dans la foule, le
jour qu'on prit la Ville, où ce Roi
cruel

cruel fut tué. Mais les soins de cette Princesse furent inutiles, on la trouva parmi les prisonniers, & le Comte de Salvata la presenta au Duc & à la Duchesse de Zelande.

La Princesse de Frise, qu'on nommoit Rodelinde, étoit jeune & belle. Cependant sa beauté étoit beaucoup audessous de celle d'Olimpe. Mais elle n'étoit pas l'épouse du Duc de Zelande, ç'en étoit assez pour paroître aimable à ses yeux. Il l'aima d'abord avec tant d'ardeur, qu'il commença à regarder Olimpe comme un obstacle à sa felicité. Il est vray qu'il étoit si bien en garde sur tous ses mouvemens, qu'il ne donna point de marques éclatantes de sa nouvelle passion.

Olimpe croyoit qu'il n'entroit que de la pitié, dans les soins qu'il rendoit à Rodelinde ; & comme cette Princesse étoit aimable &

D

malheureuse, elle prit aussi pour elle des sentimens de bienveillance. La Princesse de Frise lui en rendit de pareils ; mais elle se sentoit une grande aversion pour le Duc de Zelande, dont elle ignoroit cependant les pernicieux desseins. Ce Prince infidele fit croire à Olimpe, qu'il vouloit faire épouser Rodelinde au Prince Valderand, pour assurer par cette union le Royaume de Frise à son frere, & le conserver en même temps à cette Princesse. Olimpe fut charmée de cette generosité, & en applaudit beaucoup le Duc. Quelque temps après il lui dit qu'il la vouloit mener en Zelande pour la faire voir à ses sujets, & pour faire le mariage de la Princesse de Frise. Il laissa le gouvernement des Isles au Comte de Salvata son parent.

Ils s'embarquerent avec de grandes marques de joye ; & pour ne

pas trop s'approcher de la Frise,
ils cotoyerent l'Ecosse. Ils furent
battus trois jours durant d'un vent
si impetueux, qu'il les jetta dans
une Isle deserte.

Quelque sçavant Geographe,
va faire des objections sur cette
Histoire, & va demander quelles
Isles desertes se trouvent sur cette
route; il est vray que je n'en ay
point vû de marquées sur la Carte:
mais j'écris ce que racontent mes
Memoires, sans prétendre garantir leur exactitude, & je ne veux
point non plus imiter ces Histo-
riens qui interrompent à tous momens le fil de leur narration pour
faire de longues dissertations,
aprés lesquelles on n'est pas plus
éclaircis qu'avant qu'ils les eussent
commencées. Je déclare donc une
fois pour toutes, que je ne garantis
ni les faits, ni la Geographie que
j'ay trouvée dans la vieille chronique, où j'ay pris l'Histoire que je
vais continuer.   D ij

La Princesse Olimpe se fit mettre à terre avec son époux ; & pour se remettre des fatigues de la Mer, ils firent tendre un pavillon dans le dessein de passer la nuit dans l'Isle. La Princesse de Frise ne voulut pas qu'on en fit tendre un pour elle, & resta dans le Vaisseau avec l'équipage. Olimpe n'avoit aucune défiance : elle croyoit être hors du peril ; mais elle ne sçavoit pas qu'elle devoit tout apprehender d'un époux qui étoit encore plus perfide & plus inconstant que la Mer. Jamais elle n'avoit dormi d'un plus profond sommeil. Il n'en étoit pas de même de l'infidele Duc de Zelande ; il méditoit une trahison qui sembloit ne pouvoir partir que d'une ame barbare, qui n'est point effrayée des plus grands crimes. Quand ce Prince perfide vit qu'il pouvoit se dérober d'auprés d'elle, sans qu'elle s'en apperçut, il sortit dou-

cement du lit ; & de crainte de perdre une si belle occasion de se défaire de cette malheureuse Princesse, il ne se donna qu'à peine le
tems de s'habiller, & gagna son
Vaisseau avec beaucoup de vites-
se. Il eveilla tous ses gens ; & af-
fectant un air plein d'éfroy & de
douleur, il dit, qu'une bête sau-
vage venoit de dévorer la Princesse son épouse ; & que n'étant
pas en état de se mettre en deffense, il n'avoit point eu d'autre parti
à prendre que celui de la fuite : il
ajouta qu'il ne pouvoit s'éloigner
assez-tôt de ce funeste rivage, &
fit au même moment mettre à la
voile.

L'infortunée Duchesse de Zelande dormoit tranquillement ; le
jour commença à paroître, qui
l'éveilla. Elle voulut parler à son
époux ; & ne le trouvant point auprés d'elle, elle sauta de son lit
toute troublée, & courut au bord

de la Mer. Son desespoir fut extrême, ne voyant point le Vaisseau
du Duc de Zelande : elle eut d'a-
bord mille pensées diverses sur ce
malheur ; mais enfin en continuant ses douloureuses réflexions,
elle ne douta point que son époux
ne l'eût abandonnée. Elle l'appella mille fois, en meurtrisant son
beau visage, comme si elle eût voulu se vanger de ses charmes, qui
n'avoient pas eû assez de force
pour l'arrester ; elle faisoit des cris
horribles ; & ayant apperçeu un
rocher, dont la pointe se courboit
assez avant dans la Mer, elle y
monta avec difficulté, & vit le
Vaisseau de son infidele époux,
qui fuyoit à voiles déployées. Son
cœur se glaça, les forces lui man-
querent, elle tomba sans mouvement, & demeura long-temps en
cet état. Lors qu'elle fut revenuë
de sa foiblesse, elle se releva en s'é-
criant, ingrat, peux-tu abandon-

ner une épouse qui ne vouloit vivre que pour toy ! Reviens, si tu
ne veux passer pour le plus perfide
& le plus barbare de tous les
hommes. Mais les vents qui emportoient le Vaisseau de ce Prince
infidele, emportoient aussi les
plaintes & les soûpirs de cette
malheureuse Princesse.

Quand elle l'eut perdu de vûë,
elle retourna au pavillon où elle
avoit passé une nuit si funeste à
son repos ; & retrouvant sous le
chevet de son lit, une bague que
Birene lui avoit donnée en l'épousant : Ah ! perfide, dit-elle, en
considerant ce gage fatal, que ta
trahison est cruelle. Helas ! que
dois-je faire ? ou plûtôt que puis-
je faire seule dans un desert sans
aucune esperance de secours ? j'y
mourray, & je n'auray pour tombeau que le ventre de quelque bête feroce, dont ce lieu doit être
rempli. Cette pensée me fait trem-

bler d'effroy, & je croy déja voir quelque Loup, & quelque Ours qui viennent me devorer : mais le monſtre le plus ſauvage ne ſçauroit me faire mourir ſi cruellement que toy, barbare époux, ma ſeule mort pourroit l'aſſouvir, & tu me la donne mille fois. Encore ſi le Ciel touché de mon infortune, faiſoit aborder dans cette Iſle quelque Vaiſſeau, je pourrois eſperer que ceux qui ſeroient dedans, auroient compaſſion de mon malheur. Mais helas ! quand cela arriveroit, ou trouverois-je un azile ? Ce perfide s'eſt aſſuré de la Hollande, j'ay ſacrifié tout le reſte pour ce Prince ingrat, & l'état où je me vois reduite, eſt le prix de ce que j'ay fait pour lui.

En continuant ſes plaintes, elle prit le chemin de la mer, plus agitée encore que les flots, dont elle vouloit ſe faire un ſpectacle. Quand elle fut ſur le rivage, & qu'elle

ne vit s'offrir à ses yeux qu'une
vaste étenduë d'eau que rien ne
bornoit, son desespoir sembla encore s'augmenter. Après avoir
répandu des torrens de larmes,
& s'être épuisée en regrets amers,
elle porta de nouveau ses pas en
divers endroits de l'Isle, pour voir
si elle ne trouveroit point quelques
vestiges qui lui puissent découvrir
qu'il y avoit dans ce lieu d'autres
habitans que des bêtes farouches ;
ses soins furent inutiles, & enfin
la nuit vint pour mettre le comble
aux horreurs des maux qu'elle
sentoit. En cherchant vainement
les traces de quelques humains,
cette infortunée Princesse s'égara;
ainsi elle passa la nuit exposée aux
injures de l'air, sans que le sommeil osât s'aprocher de ses yeux
ouverts aux larmes; & dès que le
vent le plus leger faisoit remuer
une feuille, elle croyoit aussi-tôt
qu'il y avoit auprès d'elle un Ours

ou un Loup prêt à la dévorer.

Dès qu'il fut jour, se sentant accablée de foiblesse, par un mouvement qu'inspire la nature, elle se donna de nouvelles peines, pour voir si elle ne trouveroit point quelques productions sauvages, propres à soûtenir sa vie, elle se lassa inutilement, & voyant qu'elle cherchoit en vain quelques fruits pour se nourrir, elle songea à retrouver son pavillon. Elle le trouva en effet, & revint ensuite sur le bord de la Mer si fatiguée & si foible, qu'elle ne pouvoit plus se soûtenir ; elle se coucha sur le bord du rivage, & s'envelopa dans sa Robe de nuit, qui étoit le vêtement qu'elle avoit pris pour chercher son infidele époux, lorsquelle ne l'avoit plus trouvé auprès d'elle. Sur ce fatal rivage, épuisée de forces & même de soupirs, cette malheureuse Princesse attendoit une mort languissante, qui sem-

bloit ne pouvoir pas manquer de
luy arriver bien-tôt par le manque
d'aliment ; & elle étoit dans cette
funeste léthargie d'esprit qui suit
toûjours les grands desespoirs,
lors qu'une Barque qui croisoit
ces Mers, passa assez près du bord,
où la Princesse étoit étenduë, pour
que ceux qui étoient dedans l'ap-
perçûsent par le brillant de sa Robe, qui étoit d'une étofe, où il y
avoit beaucoup d'or.

Ceux qui étoient dans cette barque étant fort empressez à chercher des femmes, pour un dessein qu'ils avoient, s'approcherent
du rivage avec vîtesse, & tirerent
la mourante Olimpe, qui avoit les
yeux fermez de son affreux as-
soupissement. Quand elle vit venir quelqu'un à elle, l'esperance la
ranima, elle rendit graces au Ciel
avec ardeur ; & les hommes qui
la venoient chercher, ayant remarqué, malgré son extrème abatte-

ment, la grande beauté des tr ait
de ſon viſage, s'en firent l'un à
l'autre des demonſtrations de joye.
Enſuite ils l'emmenerent dans leur
Vaiſſeau fort promptement, &
lui donnerent avec ſoin tous les
ſecours qui pouvoient lui être né-
ceſſaires. Les maîtres de ce Vaiſſeau traiterent toûjours la Princeſſe avec beaucoup de reſpect ; &
comme elle vit qu'ils entendoient
ſa langue, elle leur demanda où
ils la menoient ; ils lui repondirent
qu'ils la conduiroient dans un lieu
où elle ſeroit parfaitement bien,
& ne voulurent pas s'expliquer
davantage.

Mais après quelques jours de na-
vigation ils aborderent dans une
Iſle, où cette Princeſſe eut la douleur de voir qu'elle étoit tombée
entre les mains d'une troupe de
Corſaires, qui ne l'avoit ſi bien
traitée que pour la mieux vendre
aux habitans de cette Iſle. A peine

ceux qui l'avoient achetée l'eurent reçeuë des Corsaires pour l'emmener avec eux, que la triste Olimpe vit de tous côtez des foules de Peuple qui venoient la regarder avec une curiosité avide, & qui lors qu'ils l'avoient envisagée, témoignoient une joye extrême. Comme la Princesse n'entendoit point le langage de ▓▓▓ïs, elle ne pouvoit devine▓▓ ▓e qui causoit la joye de ce Peuple : mais enfin elle fut menée dans une maison fort commode, où l'on eut de sa personne tous les soins imaginables. Malgré ses ennuys, sa beauté revint dans un éclat éblouïssant, & elle ne pouvoit comprendre par quel sort elle trouvoit toûjours des esclavages si doux. Elle brûloit d'impatience de trouver quelqu'un qui l'entendit, pour être informée quel étoit le païs où elle vivoit, & ce que résoudroient sur son destin ceux que sa bizare fortune lui avoit donnez pour maîtres. Laiſſons l'inquiete Olimpe prendre des meſures pour cet éclairciſſement, & retournons à l'infidele Duc de Zelande.

Il arriva fort heureuſement dans ſes Etats. Le Prince Valderand, qui ne faiſoit qu'achever de recouvrer ſa ſanté, alla au devant de ſon ●●● juſqu'au bord de la frontiere, ●● fut fort bien reçu de lui. Valderand apprit avec douleur le prétendu accident arrivé à la Duceſſe de Zelande ; & quoique le Duc affectât de la triſteſſe, on voyoit bien qu'elle ne l'occupoit pas beaucoup ; & Valderand qui avoit ſçu toutes les circonſtances de ce qu'Olimpe avoit fait pour luy, ne pouvoit aſſez s'étonner de le voir ſi peu affligé de la perte fatale d'une épouſe ſi tendre & ſi charmante. Valderand avoit des amis auprès de ſon frere, qui avoient averti ce jeune Prince, du deſſein où le Duc paroiſſoit être de lui aſſurer le Royaume de Friſe, en lui en faiſant épouſer l'heritiere. Il avoit auſſi été informé du bruit qui avoit couru, qu'on ne menoit Rodelinde en Zelande que pour la lui faire épouſer. Ces nouvelles cauſerent une joye bien vive au Prince Valderand. La renommée parloit fort avantageuſement du merite de la Princeſſe de Friſe, & avec ce mérite une Couronne étoit ſa dot. Quoique Valderand fut parfaitememt honneſte homme, il n'étoit pas inſenſible à l'ambition, & étoit charmé de croire, qu'il auroit autant de ſujet d'être ſatisfait du coſté de la grandeur que de celui de la tendreſſe. Dans ces penſées, comme il étoit plein de candeur, il s'applaudiſſoit de n'avoir jamais rien aimé, & étoit ravi d'avoir ſi bien conſervé ſon cœur, pour le donner tout entier à celle qu'on lui destinoit pour épouse. Quoique le Duc de Zelande ne lui eût point écrit sur ce mariage; il étoit si prévenu sur cela, qu'il crut que son frere ne luy en disoit rien, que pour le surprendre plus agreablement.

Plein de ces idées, quand il aborda la Princesse de Frise, il l'examina avec application; il la trouva d'une beauté touchante, & avec cela il lui vit une douceur qui acheva de le charmer. Rodelinde, qui n'avoit pas non plus ignoré le bruit de son mariage avec ce Prince, fut déconcertée à sa vûë, mais malgré l'embaras où elle étoit, elle ne laissa pas d'avoir aussi une grande attention à démêler quel pouvoit être son caractere. Elle lui trouva une solidité d'esprit & une justesse de sentimens qui lui plurent beaucoup; & en peu de temps cette jeune Princesse prit autant d'inclination pour Valderand

derand , qu'elle avoit d'antipathie
pour Birene.

Cependant ce Duc paſſoit de
mauvais momens , la violente paſſion qu'il ſentoit pour Rodelinde
lui cauſoit mille agitations qui le
troubloient ſans ceſſe , & la maniere dont il avoit traité Olimpe ,
lui donnoit ſouvent des remords
à quoi il ne s'étoit point attendu ,
quand il abandonna cette infortunée Princeſſe. Pour calmer ſes remords , il tâchoit de ſe perſuader
qu'elle ne ſeroit point perie dans
le deſert où il l'avoit laiſſée , il ſu-
poſoit qu'elle y auroit trouvé des
fruits ſauvages pour ſe nourrir ,
& qu'elle paſſeroit là ſes jours dans
une vie ſolitaire , mais tranquille.
Quoi qu'il trouvât quelque injuſ-
tice à l'avoir reduite en cet état ,
il lui ſembloit qu'il valoit mieux
avoir fait ce mal , que d'éprouver
le deſeſpoir de paſſer ſa vie avec
une perſonne , pour qui il avoit

E

pris une averſion qui lui paroiſſoit inſuportable. Il eſt vray que par la bizare inconſtance d'eſprit de ce Prince, peu de temps après ſon mariage, toutes les paroles & les actions d'Olimpe, qui l'avoient tant charmé autrefois, luy déplaiſoient mortellement; il ne pouvoit ſouffrir cette Princeſſe, & à peine vouloit-il s'avoüer à luy même qu'elle eût de la beauté : toutes les tendres complaiſances qu'elle avoit pour luy, le fatiguoient ; & il ne concevoit pas, par quel aveuglement il s'étoit choiſi une telle épouſe. Cependant, comme nous avons déja dit, il conſervoit ſi bien les dehors, qu'Olimpe qui d'ailleurs étoit prévenuë pour lui, ne s'aperçut point de ſon changement, & peut-être même que le capricieux dégoût qu'il avoit pris pour elle ſe ſeroit paſſé, ſans le fol amour qui l'enflama pour Rodelinde. En peu de temps cette paſſion étoit devenuë si outrée, qu'il luy parût qu'il ne pourroit vivre sans la satisfaire ; il comprit que la Princesse de Frise ne seroit pas d'humeur à être sa maîtresse, il songea donc à en faire sa femme , & il regardoit Olimpe comme un obstacle à son bonheur. Ainsi l'interêt de sa nouvelle ardeur se joignant à l'aversion qu'il avoit pour son épouse, luy fit prendre la résolution de se défaire d'elle quand il en trouveroit l'occasion, & il le fit de la maniere barbare que nous avons racontée.

Pour tâcher d'assoupir entierement les funestes pensées qui luy venoient sur ce sujet, il fit dessein de profiter au plutôt de son crime, & après avoir pris tant de mesures qui luy paroissoient si habilement concertées, il déclara à la Princesse de Frise l'amour qu'il avoit pour elle, & luy dit qu'il n'attendoit que son consentement pour luy

donner la main. Cette Princesse se
troubla & fremit à une telle proposition : si elle avoit crû ses mouvemens, elle luy auroit fait une réponse outrageante ; mais faisant réflexion qu'elle étoit sous son pouvoir , elle se contenta de luy demander du temps pour se résoudre
à ce mariage. Quoy qu'elle ne luy
dit rien d'offençant , il parut tant
de colere dans ses yeux , & d'émotion dans sa voix , que le Duc de
Zelande connut bien qu'il étoit
fort éloigné d'avoir sçu luy plaire.
Comme on l'avoit accoutumé
à voir toûjours ses vœux bien reçus par tout où il les avoit portez,
& qu'Olimpe l'avoit gâté par son
trop de bonté , il ressentit vivement la désobligante froideur de
Rodelinde : mais cependant comptant sur les qualitez aimables dont
la nature l'avoit partagé , il se flata
qu'avec quelques soins , il feroit
bie-tôt prendra à cette Princesse

une auſſi grande paſſion pour luy, qu'il en avoit fait prendre à tant d'autres belles.

Il ſe trompa. Outre l'éloignement que la Princeſſe de Friſe avoit pour luy, elle étoit prévenuë pour Valderand. Ce jeune Prince luy avoit expliqué la ſincere & reſpectueuſe tendreſſe qu'il avoit pour elle. Après l'avoir laiſſé quelque tems dans l'incertitude, Rodelinde lui avoit avoüé qu'il ne luy étoit pas indifferent : & tous deux ſe flatoient que le Duc les deſtinoit l'un à l'autre. Ainſi l'on ne peut exprimer quelle fut la douleur de ces amans, quand ils virent les deſſeins du Duc. Valderand qui aimoit veritablement ſon frere, ſe contentoit de ſe plaindre de ſon malheur ſans l'en accuſer : mais la Princeſſe de Friſe redoubla encore pour ce ſujet l'averſion qu'elle avoit pour Birene.

Cette Princeſſe l'avoit toûjours

regardé comme la cause de tous
les malheurs qui étoient arrivez à
sa maison. Quoy que sa vertu luy
fit beaucoup blâmer le procedé
injuste du Roy son Pere, & du
Prince son frere, il luy sembloit
que sans le Duc de Zelande ils
n'auroient point fait ces violences,
puisque c'étoit pour lui seul qu'O-
limpe avoit dédaigné un mariage,
dont le refus avoit porté les Frisons
à toutes ces cruelles extremitez.
Ce n'étoit pas là de justes raisons
pour haïr Birene. Aussi Rodelinde se contentoit-elle d'abord, de
ne le pas regarder seulement d'un
œil favorable. Mais quand elle
vit qu'il avoit amusé Valderand
& elle par de trompeuses esperances, & qu'il s'avisoit d'en vouloir
à son cœur, elle se livra à la haine
qu'elle étoit disposée de concevoir
pour luy, & ne rejetta plus tant
les soupçons qui luy étoient quelque fois tombez dans l'esprit au

sujet d'Olimpe ; elle fremit d'horreur quand elle songea qu'elle
étoit peut-être la cause innocente
de la mort de cette Princesse ; car
faisant des réflexions sur diverses
choses à quoy elle n'avoit fait guere d'attention dans le tems qu'elles s'étoient passées, elle se souvint
de mille soins empressez que Birenne avoit pris pour elle depuis
le jour que Salvata la presenta à
ce Duc comme sa prisonniere ;
elle se souvint aussi de la maniere
gênée, dont elle l'avoit vû répondre deux où trois fois à la tendresse de la Duchesse ; & enfin elle
conclut que ce Prince inconstant
pourroit bien être coupable de la
mort de sa charmante épouse. Elle
fit dessein cependant de ne confier
ses soupçons à personne, & surtout
elle se garda bien de s'en ouvrir
au Prince Valderand, qu'elle sçavoit qu'il estimoit trop son frere,
pour le juger jamais capable d'une

perfidie si noire. Mais sans vouloir
déterminer dans son esprit sur les
conjectures, si Birene étoit criminel ou innocent, elle se résolut à
épouser plûtôt la mort que ce
Prince. Quelque longue suite de
soins qu'il pût prendre pour la faire
changer de sentiment, elle jura à
Valderand une fidelité éternelle,
& l'assura que si elle ne pouvoit
être à luy, elle ne seroit jamais à
personne. Cet amant fut transporté de joye des bontez de sa
Princesse, il luy fit mille sermens
de l'adorer jusqu'au tombeau, &
il ne fut pas parjure comme son
frere.

L'amitié qu'il avoit pour ce frere troubloit bien les douceurs qu'il
sentoit du costé de l'amour ; & il
faisoit sans cesse des vœux au Ciel
pour le suplier, que Birene renon-
çât au dessein qu'il avoit pour Rodelinde, & prit un autre engagement. La tendresse s'étoit si bien
emparée

emparée de toute son ame que
l'ambition ne s'y faisoit plus sentir. Dans cette situation il eût avec
plaisir cedé la Frise au Duc son
frere, pourvû qu'il voulût bien
luy en laisser la Princesse. Le Duc
de Zelande n'avoit aucun soupçon des liaisons de ces amans, il ne
songeoit qu'à se rendre Rodelinde favorable, & tâchoit par mille soins tendres & galans à trouver le chemin de son cœur. Tandis qu'il se donne une peine si inutile, voyons ce que fait la Princesse Olimpe dans l'Isle où les Corsaires l'avoient menée.

Cette Isle étoit auprès de l'Irlande, & étoit nommée l'Isle de
Bude. Je l'ay aussi peu vûe sur la
Carte que l'Isle deserte ; mais il
faut qu'on prenne la peine de se
souvenir de ce que j'ay dit tantôt
sur cela. L'Isle de Bube donc,
étoit un païs où l'on étoit encore
dans les tenebres de l'idolâtrie, &

F

où l'on parloit une langue fort
barbare ; mais enfin après quelque
temps de séjour, Olimpe y fit la
découverte d'un venerable vieillard, qui entendoit & parloit fort
bien le Hollandois. Cet homme
regardant la Princesse avec admiration, répondit avec beaucoup
d'honêteté à toutes les questions
qu'elle lui fit ; mais quand elle lui
demanda quel étoit le gouvernement du païs, & si on y avoit un
Roy, les larmes luy vinrent aux
yeux. Après qu'il eût arrêté ses
pleurs, il lui parla ainsi.

Nous n'avons plus de Roy, Madame, & nôtre Gouvernement est
dans un desordre affreux ; je vais
vous raconter en peu de mots la
cause de nos malheurs. Nôtre dernier Roy avoit une fille d'une si
grande beauté, que Prothée, un
des Dieux marins, l'ayant vûe un
jour se promener sur le bord de
la Mer, en devint éperdûment

amoureux ; il prit tant de formes differentes pour lui plaire, qu'enfin il en trouva une qui la charma. Elle répondit à l'ardeur de ce Dieu, & en donna des marques si visibles, qu'elle ne pût les cacher aux yeux du Roy son Pere Ce Prince étoit naturellement fort severe & fort incredule, il prit tout ce que la Princesse & ses femmes racontoient de Prothée pour des fables, & crut seulement que sa Fille asservie à quelque passion criminelle, s'étoit assez oubliée pour ne se pas faire un scrupule de se deshonorer. Plein de cette pensée, il entra dans une fureur violente ; & sans avoir pitié de l'état où étoit la Princesse, il la fit enfermer dans une obscure prison, où elle fut traitée avec tant de dureté, qu'en fort peu de tems elle en mourut de déplaisir.

Prothée entra dans une si furieuse colere, que dans son trans-

por: il jura la perte de ce Royaume, il fit fortir des ondes un nombre prodigieux d'infectes qui ra-
vageoient tous les biens de la terre; il fit élever de la Mer des brouil-
lards terribles qui empoifonnoient
l'air, & faifoient perir tous nos
troupeaux. Pour comble de mife-
re, on voyoit de tous côtez des
Monftres marins qui caufoient des
frayeurs mortelles. La campagne
n'étoit plus libre, il falloit fe renfermer dans les Villes pour mettre
fa vie en feureté ; & les Grands,
auffi bien que le Peuple, étoient fi
allarmez, qu'ils eurent recours à
l'oracle. Il leur répondit, qu'ils n'a-
paiferoient jamais ce Dieu, qu'ils
ne lui euffent donné une fille qui
égalât en beauté la Princeffe à qui
fon amour avoit été fi fatal ; qu'il
falloit l'expofer fort parée au bord
de la Mer à un Monftre qui for-
tiroit des eaux ; que fi le Monftre en faifoit fa proye, ce feroit

une marque que Prothée ne lui
trouvant pas en elle aſſez de charmes, ils devoient continuer ce ſan-
glant ſacrifice.

Le Roy toûjours incredule n'a-
joûta aucune foy à l'oracle ; il trai-
ta les Prêtres d'impoſteurs, les
ménaca de les faire punir, & ne
voulut point qu'on penſât à expoſer des filles au Monſtre. Mais ce
Prince vit tous ſes ſujets ſe revol-
ter contre lui. Les Grands & le
Peuple effrayez des maux qu'ils
avoient ſoufferts, & de ceux qu'ils
avoient à craindre à l'avenir, ſi
l'on alloit de nouveau irriter les
Dieux, ne ſongerent qu'à les apai-
ſer à quelque prix que ce pût eſtre. Le Roy fut abandonné même
de ſes plus fideles ſujets, on prenoit des meſures pour s'aſſurer de
ſa perſonne ; & ce malheureux
Prince cherchant à ſe ſauver la
nuit pour ſe retirer chez un Roy
voiſin, tomba dans la Mer, & ſe

noya , en voulant entrer dans un petit batteau qui le devoit conduire. Depuis sa mort nous nous sommes gouvernez nous mêmes : mais Ciel ! avec quelle confusion ! aulieu d'un Maître nous en avons mille.

Cependant on a sans cesse envoyé de toutes parts enlever les filles qui avoient de la beauté. Elles ont eu beau se cacher , ceux qui vont à cette découverte sont trop bien payez pour ne pas chercher dans les endroits les plus écartez avec beaucoup d'exactitude ; ils courent les Mers avec des Vaisseaux legers , & ont pris une si grande quantité de belles Dames que nous en avons eu à choisir. Néanmoins quelque beauté qu'ayent eu celles qu'on a exposées , elles n'ont point paru assez charmantes à Prothée ; & le Monstre les a toûjours devorées ; je vous avouë avec douleur , Madame, continua le Vieillard, que vous avez été amenée icy pour subir cette funeste épreuve.

Dès que vous avez paru vous avez causé tant de joye & d'admiration à tout le Peuple, qu'il s'est écrié, que si Prothée n'étoit pas content de cette victime, nous ne devions plus esperer d'en trouver qui pûssent lui être agreables ; & malgré l'interêt que nous avons tous d'appaiser promptement ce Dieu irrité, vôtre brillante jeunesse, vôtre parfaite beauté, & un certain air mêlé de majesté & de doüceur, qu'on remarque en vous, nous a si fort touchez ; Madame, que nous n'avons point voulu vous exposer au Monstre, qu'on n'ait fait l'épreuve sur toutes celles qui sont en nôtre pouvoir. Depuis que vous êtes icy on en a exposé beaucoup, qui toutes ont été englouties, il n'en reste plus que deux ; je tremble qu'elles

n'ayent encore le même fort, &
je ne vous puis exprimer la frayeur
que j'ay, que malgré les charmes
tous extraordinaires dont vous
êtes partagée, un destin barbare
ne vous y fasse aussi trouver la fin
de vôtre vie.

La Princesse avoit écouté ce
discours avec bien plus de surprise que de crainte ; elle ne pouvoit
assez s'étonner de la superstition
de ces Peuples ; elle admiroit leur
barbarie, d'immoler ainsi la vie
d'un si grand nombre de personnes sur la foy d'un Oracle, dont il
lui sembloit qu'il leur étoit facile
de voir la fausseté. Elle plaignoit
leur aveuglement ; mais malgré
l'affreux danger dont elle étoit me-
nacée, elle ne trembla point pour
ses jours. Ses réflexions sur l'infidelité du Duc de Zelande l'avoient
si fort detachée de la vie, qu'elle la
regardoit avec mille fois plus d'indifference que dans les premiers

momens que son cruel époux l'eût
laissée dans l'Isle deserte.

Cette Princesse comprenoit que
si elle restoit au monde, & que la
fortune lui en donnât les moyens,
mille raisons l'obligeroient de se
venger de Birene ; & elle sentoit
en même-temps que cette vengeance lui coûteroit trop, puisqu'elle ne pouvoit s'empêcher d'aimer encore ce Prince ingrat, malgré toute l'horreur que lui donnoit sa perfidie. La vive apprehen-
sion de se voir éternellement dé-
chirée par des mouvemens si douloureux, lui faisoit plus souhaiter
la mort que la vie, sans se troubler le moins du monde ; elle re-
mercia le Vieillard avec beaucoup
d'honnêteté des éclaircissemens
qu'il lui avoit donnez, & des allarmes qu'il témoignoit pour elle.
Cet homme la quitta aussi charmé
de ses manieres & de sa constance, que de sa beauté, & alla faire

prendre aux habitans de l'Iſle une nouvelle admiration pour elle. Cependant la triſte Princeſſe s'abandonnant avec ſoumiſſion aux volontez du Ciel, attendit ſans effroy ce qu'il lui plairoit ordonner de ſa deſtinée.

On expoſa au Monſtre la premiere des deux malheureuſes qu'on lui deſtinoit ; il en fit ſa proye. Quelques jours après la ſeconde eut le même ſort. Alors les habitans de l'Iſle voyant que tous leurs ſacrifices avoient été inutiles ne balancerent plus à mener la Princeſſe ſur le rivage. Ils l'obligerent à vêtir une Robe magnifique qui lui découvroit toute la gorge & les épaules, & lui mirent tous les ornemens dont faiſoient uſage les femmes livrées au luxe & à la moleſſe la plus rafinée, & dans cet état, ils la laiſſerent attachée au Rocher. Tous ceux qui la virent ne pûrent retenir

leurs larmes; ils pouſſoient des cris
juſqu'au Ciel, en l'accuſant d'in-
juſtice de ſouffrir qu'un Monſtre
privât la nature d'un d   es plus
beaux ouvrages. Pour la Princeſſe
ce n'étoit pas l'attente d'une mort
ſi terrible qui la faiſoit le plus ſouffrir, c'étoit la honte de ſe voir donnée en ſpectacle à un peuple dans
un état dont ſa modeſtie étoit fort
bleſſée. Elle avoit tant de confuſion
qu'elle n'oſoit pas même lever les
yeux au Ciel, elle ſe contentoit de
le ſupplier en ſecret de lui donner
la force d'être ſoumiſe juſqu'au
dernier ſoûpir à ſes ordres divins.
Dans cette ſituation, ayant les yeux
baiſſez, la tête panchée, & étant
liée au Rocher d'une maniere que
les flots de la Mer s'élevoient juſqu'au deſſus de ſes pieds, elle attendoit, en palpitant, la venuë du
Monſtre, lors qu'un cri qu'elle entendit fort près d'elle, lui fit tourner la vûë du côté d'où il venoit.

Elle apperçut un Esquif qui portoit un Chevalier tout armé, qui étoit celui qui avoit fait le cry.

Un moment après le Monstre parut. Le Chevalier tourna aussi-tôt son Esquif, & se mit entre la Princesse & le Monstre, qui venoit, la gueule ouverte, pour le dé-vorer. Le Chevalier qui avoit fait mettre à dessein un ancre dans son Esquif, conserva tout son juge-ment, & prit si bien ses mesures, que ramassant toutes ses forces, il jetta l'ancre dans la gorge de ce cruel animal, qui demeura atta-ché à son palais. La douleur qu'il en ressentit le fit élancer au dessus des flots, & auroit renversé le Che-valier avec la Chaloupe, si pré-voyant ce péril, il ne s'étoit jetté dans la Mer. Il gagna le bord à la nage, en tenant toujours la corde où l'ancre étoit attaché, & de cette maniere il tira le Monstre sur le rivage, où il eut le plaisir de lui voir vomir la vie & le fang.

Le peuple accourut en foule pour voir un fpectacle fi nouveau; mais comme la fuperftition eft le partage des efprits grofliers, ils regarderent d'abord la mort de ce Monftre comme un nouvel outrage fait au Dieu Prothée, dont ils craignoient de porter la peine.

Pour prévenir les effets de fa colere ils refolurent de lui facrifier le Chevalier inconnu, en le jettant dans la Mer. Ils crierent aux armes; & dans le moment un grand nombre d'habitans fortirent en confufion avec des arcs & des fléches. Le Chevalier fut furpris de voir leur ferocité & leur ingratitude. Il croyoit les avoir fenfiblement obligez, & il lui paroiffoit que fon action devoit l'immortalifer parmi eux. Cependant il fe vit attaqué de tous coftez: mais comme ces Peuples étoient peu aguerris, il mit l'épée à la main,

& les chargea avec tant de vigueur, qu'il les eut bien-tôt écartez.

Se voyant libre il courut au Rocher pour en détacher la Princeße : leur surprise fut extrême à tous deux, lors qu'elle le reconnut pour être le Comte d'Angers, & que ce Comte vit que celle qu'il trouvoit dans un si triste état, étoit la Princeße Olimpe. Il n'étoit pas encore revenu de son étonnement, lorsqu'il entendit un grand bruit ; il crut que c'étoit les Insulaires qui revenoient à la charge, mais ils avoient bien d'autres affaires.

Eubert Roi d'Irlande, qui vouloit se venger de ses Peuples inhumains, qui venoient jusques dans ses Etats enlever les plus belles Dames étoit entré dans cette Isle avec ses troupes ; & l'ayant trouvée sans deffense, il s'étoit emparé de tous les postes. Il étoit arrivé

dans une conjoncture favorable ;
le peu de gens aguerris qu'il y
avoit étoient fortis pour charger
le Comte d'Angers. Les Irlandois
qui étoient vivement irritez des
enlevemens que ces Barbares
avoient faits de leurs filles, mirent
le feu de tous côtez, & auroient
fait presque tout passer au fil de l'é-
pée; mais leur Roy fit arrêter l'in-
cendie, & mit des bornes à leur
vengeance.

Quoique le Comte d'Angers ne
pût penetrer la cause d'un si grand
desordre, & qu'il eut lieu de craindre la fureur de ces Barbares, il
ne laissa pas de délier Olimpe avec
la tranquillité d'un homme qui
n'apprehende pas le peril, & de
lui demander par quel accident
elle avoit pû être séparée d'un
époux dont l'ardeur paroissoit si
vive.

A ce nom d'époux cette Princesse sentit un redoublement de

douleur. Il lui revint dans l'eſprit
tout ce qu'elle avoit fait pour cet
infidele; elle ne répondit que par
des ſoûpirs. Le Comte la preſſa de
l'éclaircir de ſon avanture, moins
par curioſité, que pour lui donner le ſecours qui lui ſeroit neceſ-
ſaire. Elle avoit au Comte des
obligations infinies. Elle fit effort
ſur elle-même pour le ſatisfaire, &
lui apprit en peu de mots de quelle maniere ſon époux l'avoit trahie, en la laiſſant dans un deſert,
où elle avoit été priſe par des Corſaires, qui l'avoient enmenée dans
cette Iſle. Le Comte d'Angers fut
ſenſiblement touché des malheurs
de cette Princeſſe. L'action du
Duc de Zelande lui parut ſi perfide, qu'il lui offrit ſon bras pour
la venger de ſon cruel époux, où
le mettre du moins à la raiſon.
Comme elle étoit dans un habille-
ment qui lui faiſoit de la peine,
& dans lequel elle ne vouloit pas
être

être vûë ; le Comte la fit paſſer promptement dans ſon Eſquif à deſſein d'aller joindre ſon Vaiſ-ſeau.

Le Roy d'Irlande ayant ſatiſ-fait ſa vengeance, prit le chemin du rivage : il avoit appris qu'un Chevalier venoit de tuer le Monſ-tre qui avoit coûté tant de ſang & de larmes ; cela lui avoit donné la curioſité de le voir. Le Comte d'Angers voyant venir à lui des gens armez d'un autre maniere que ne l'étoient ceux dont il avoit été attaqué, ſans démeſler ce que ce pouvoit être, ſortit de ſon Eſ-quif, & ſe prépara à ſe bien def-fendre.

Le Roi d'Irlande avoit vû trop ſouvent le Comte d'Angers à la Cour de Charlemagne, pour ne le pas reconnoître, quoi qu'il fut tout ſoüillé de limon & de ſang ; il leva la viſiere de ſon Caſque, deſcendit de Cheval, & courut

G

l'embrasser. Le Comte qui avoit
eu avec ce Prince de grandes liaisons d'amitié, répondit à ses caresses
ses d'une maniere à lui faire connoître l'extrême plaisir qu'il ressen-
toit de cette heureuse rencontre.
Il sçavoit bien que le Roi d'Irlande n'ignoroit pas son amour pour
la Reine de Catay ; ainsi il ne lui
cacha point qu'il étoit venu dans
cette Isle pour voir si cette Princesse n'auroit point besoin de son
secours contre le Monstre, & il
raconta à Eubert, comment son
Vaisseau n'avançant point, parce
que la Mer étoit calme, il avoit
ordonné à son Pilote d'aller prendre terre audessus de l'Isle de Bude, & de l'y attendre, & s'étoit mis
dans un Esquif pour arriver prom-
tement à cette Isle. Il lui dit qu'en
arrivant il avoit pris la Dame qui
étoit attachée au Rocher pour Angelique, & lui avoit crié : Ah !
ma Princesse ! quelle douleur de

vous voir en cet état ! Mais je vais
vous vanger. Ce n'étoit pas la
Reine de Catay, ajouta le Comte
d'Angers en soûpirant, je ne sçai
quel endroit de la terre est embelly
de ses charmes. Mais quoique je
n'aye pas trouvé icy, poursuivit-
il, la Princesse que j'adore, j'ai une
joye infinie d'y être venu, puisque j'ay été assez heureux pour
rendre service à la belle personne
que ce peuple feroce alloit immoler à sa folle superstition. Le Roy
d'Irlande instruisit aussi Roland
en peu de mots du sujet qui l'avoit
amené dans cette Isle, & donna
ensuite beaucoup de louanges à
ce Comte.

Dans le tems qu'Eubert exage-
l'action du Comte d'Angers,
les beautez d'Olimpe attirerent
tous ses regards. Quoique le Comte ne lui fit qu'une foible peinture
de ses malheurs, il s'interessa d'a-
bord dans sa fortune. L'amour

G ij

qui avoit dessein sur le cœur de
ce Roy, commença par lui inspirer une tendre pitié, qui se changea bien-tôt en une passion violente.

Cependant ils revinrent tous
trois dans l'Isle, & leurs entretiens
furent interompus par une rumeur
qui s'éleva parmi ce qui y restoit
de Peuple ; ils virent courir dans
la foule beaucoup de belles femmes éperduës, qui paroissoient
étrangeres. La presence des deux
Princes & les gens du Roy d'Irlande firent écarter la presse. Alors
on examina les belles étrangeres
avec plus de commodité. Eubert
en envisagea une, qu'il reconnut
pour une de ses sujettes du premier rang. Elle le reconnut en
même tems ; & en se venant jetter
à ses pieds, elle s'écria : Ah ! Seigneur, quel bonheur de vous trouver dans un lieu, où j'ay un besoin si pressant de vôtre genereuse

protection ! Le Roy la releva avec beaucoup de politesse, & lui dit qu'elle pouvoit s'assurer qu'il la protegeroit toûjours contre qui que ce fût. Daignez, Seigneur, reprit-elle, avoir la même bonté pour mes compagnes, & empêcher qu'elles ne soient exposées à de nouveaux perils. Eubert fit entourer toutes les belles étrangeres par ses Gardes, & emmena l'Irlandoise avec le Comte d'Angers; & la Princesse Olimpe, pour ce qu'ils eussent le plaisir d'apprendre de cette fille quelle étoit son avanture. Quand ils furent dans un lieu tranquille, en s'adressant au Roy, elle parla ainsi.

HISTOIRE

D'HERMAINGARDE.

Vous êtes si plein de bonté &
d'attention pour vos sujets,
Seigneur, que je ne doute pas que
vous n'ayez été informé de la maniere dont je fus enlevée, comme
j'allois arriver à une maison de
campagne que possede mon Pere
sur le bord de la Mer. Mes ravis-
seurs m'amenerent dans cette Isle
funeste, où j'appris d'abord la colere de Prothée, & la maniere dont
on prétendoit l'apaiser. Je compris
aisement à quoy j'étois destinée,
& fremis du genre de mort qui me
menaçoit ; cependant on me traitoit avec beaucoup de douceur,
& l'on prit tous les soins imaginables pour conserver en moi quelques agrémens qui étoient la cau-

se de mon malheur : ces soins estoient assez inutiles, l'apprehen-
tion ou j'étois ne me permettoit pas
de prendre aucun repos. On tâchoit de me consoler en me represen-
tant que j'avois assez de charmes pour qu'il arrivât que Prothée
me trouvât digne de luy. Mais les
lumieres de la Religion me faisoient écouter avec horreur ces
contes criminels & superstitieux.

Enfin je fus menée sur le rivage
& attachée à un Rocher, & à peine
y eus-je été quelques momens que
je vis paroître le Monstre, qui
m'engloutit toute entiere dans son
affreuse gueule, puis se renfonça
dans l'eau. Ma surprise fut extrême de sentir que je respirois dans
le ventre de cet horrible animal ;
mais mon étonnement augmenta beaucoup encore, lors qu'après
avoir été quelque tems dans cette
obscure prison, je vis ce ventre
s'ouvrir, & me trouvai dans une

Caverne foûteraine, où le jour ne
venoit que par deux foupiraux feulement. Je fus d'abord fi eperduë,
que je ne démeflois aucuns objets;
mais enfin, à la clarté de ces faux
jours, je diftinguai plufieurs perfonnes de mon fexe, qui avoient
de la beauté, & au milieu d'elles
une vieille femme, & un homme
d'une mauvaife phyfionomie, &
d'un regard farouche, qui leur
dit : voicy encore une nouvelle
compagne que je vous amene ; in-
ftruifez-là à ne me pas rompre la
tête par fes plaintes, comme vous
faites à tous momens, & fongez
vous-mêmes à quitter bien - tôt
une fi fotte habitude ; car fi vous
continuez à m'étourdir ainfi, je
vous jetterai toutes dans la Mer,
fans en referver une feule. Après
ces mots ce barbare fe retira, &
la vieille perfonne s'endormit.
Alors j'appris de mes infortunées
compagnes, qu'elles avoient découvert

couvert que ce pernicieux homme
dont cette vieille femme étoit la
mere, étoit le même qui avoit se-
duit la fille du Roi de l'Isle de Bude, sous le nom de Prothée. Elles
m'apprirent encore que ce fourbe,
qu'on nommoit Oricant, étoit aussi
sçavant dans la Physique, les Mathematiques & les Mecaniques,
qu'il étoit artificieux & méchant;
& quainsi il avoit souvent eu l'art
d'en imposer au vulgaire en toutes
sortes d'occasions. Elles avoient sçu
toutes ces choses d'un domestique
d'Oricant, qui étoit fort mal content de son perfide maître : mais
qui cependant ne l'osoit quitter, de
crainte que ce scelerat ne le fit perir; sa mere même avoit en horreur
ses pernicieux artifices, & nous dit
quand elle en trouva l'occasion
qu'elle n'avoit accepté l'emploi d'ê-
tre nôtre gardienne, que pour dissi-
per par ses soins & par sa présence,
les attentats qu'on auroit pû former contre nôtre honneur.

H

Ce domestique mal content d'O-
ricant, étoit celuy qui nous apor-
toit à manger à mes compagnes &
à moy : il plaignoit beaucoup nôtre destinée ; & comme il trouvoit
une espece de plaisir à marquer son
indignation contre les malices de
son maître, & à les reveler, un jour
que la mere de ce maître s'étoit
écartée, il nous apprit qu'Oricant
avoit deux ou trois confidens aussi
méchans que lui, & que ces malheureux avoient tous secondé sa
fureur, lorsque la Princesse de Bude fût morte. Mon maître & eux,
nous disoit-il, ayant mille beaux
secrets naturels dont ils font un
pernicieux usage, firent naître des
millions d'insectes, qui ravagerent
toutes les productions de la terre
dans l'Isle de Bude. Et comme ils
ont une parfaite connoissance des
Mathematiques, & qu'ils sçavent
composer des Authomates, qui
ressemblent entierement à des es-

tres animez, ils composerent plusieurs de ces machines, à qui ils
donnerent la figure de Monstres
Marins, qu'ils firent paroître de
tous costez ; ce qui causa dans les
cœurs les frayeurs les plus étranges , le Peuple contribuant toûjours luy même à se tromper par
son penchant à la superstition : enfin ce fut encore mon maître &
ses agens, qui corrompirent les
Prêtres de Prothée pour leur faire
prononcer l'Oracle, qui a causé le
malheur de tant de belles personnes : puis en dernier lieu ils ont
composé un Authomate dont ils
ont fait cet horrible Monstre Marin , dont la seule vûë glace d'effroy. Ils ont trouvé des ressorts &
des machines pour le faire aller
sous l'eau, & l'en faire sortir quand
ils leur plaît. Oricant ne confie
qu'à luy la conduite de cette ma-
chine, il se place dans le gosier de
ce grand Monstre artificiel , &

H ij

de cet endroit il en fait mouvoir
tous les reſſorts.

Nous étions toutes dans la derniere ſurpriſe, en aprenant le détail des noires malices & des fineſ-
ſes d'Oricant, mais nous ne pou-
vions comprendre pour quel deſſein il enlevoit un ſi grand nombre
de filles. Quelque tems après il en
amena encore une dans nôtre pri-
ſon ſoûteraine, & ce jour-là il s'a-
viſa de ſe radoucir un peu avec
nous ; il fit apporter des flambeaux
par ce Valet qui nous plaignoit
tant, puis nous regardant toutes
au viſage avec une application in-
ſolente : voila, dit-il, en s'adreſſant à ſa mere, un aſſez bon nombre de fort jolies perſonnes ; cependant elles ont beau avoir de
l'agrément, pas une ne me touche
au cœur le moins du monde, auſſi
pas une n'aproche-t-elle point encore des charmes de la Princeſſe
de Bude. Helas ! depuis que je l'ai

perduë, je ne puis prendre de goût
pour aucune femme ; mais ſi j'ay
tout perdu du coſté de l'amour,
du moins j'eſpere m'en dédom-
mager du coſté de l'ambition ;
puis enſuite ce brutal s'adreſſant
à nous, nous dit, mes belles, ceſſez de vous chagriner, vous allez
bien-tôt recouvrer vôtre liberté,
quand vous m'aurez rendu un petit ſervice que je veux de vous pour
ma fortune, je vous mariray agréablement ; mais ſi vous aimez vos
avantages, ſongez à prendre de la
joye pour remettre vôtre beauté
dans tout ſon éclat : car plus vous
paroîtrez charmantes, & plus les
établiſſemens que je vous feray ſeront conſiderables. Oricant nous
quitta après ces paroles, nous laiſſant dans une apprehenſion cruelle ; car s'il diſoit vray, il nous paroiſſoit à preſque toutes, que la
mort étoit moins à craindre, que
le malheur d'être mariée par ce

H iij

scelerat, à quelque scelerat comme lui.

Enfin quelques jours aprés nous fusmes entierement éclaircies des desseins d'Oricant, & nous en fusmes informées par ce même garçon qui nous en avoit déja appris tant de diverses particularitez. En l'absence de nôtre vieille gardienne, il nous conta qu'il avoit entendu par hazard une longue conference, que son Maître croyoit faire bien en secret avec ses confidens. Par cette conversation il avoit découvert qu'Oricant flaté par la maniere favorable dont avoient réüssi ses artifices dans l'esprit des Peuples superstitieux de l'Isle de Bude, esperoit par cette même voye de superstition, parvenir à se rendre leur Souverain : voicy comme il prétendoit conduire ce projet. Il étoit étranger, & son visage n'étoit point connu dans l'Isle. Cette Isle se trouvoit

fans Roy, fatiguée de la préten-
duë colere des Dieux, & gouver-
née d'une maniere mal entenduë &
tumultueufe. Oricant fupofoit que
le Peuple laffé de tant de miferes
& de defordres, feroit ravi de recevoir un Roy qu'il croiroit venir
de la main des Dieux, & prétendoit prendre de fi juftes mefures,
qu'il ne doutoit point de fe faire
paffer pour tel.

Il avoit fait préparer avec tout
le fecret poffible un Char magnifique, tel qu'on reprefente d'ordinaire ceux d'Amphitrite & de
Thetis. Ce Char étoit orné des
plus merveilleux coquillages, &
des plus belles Nacres de Perles,
& tout cela mis en œuvre avec
tant d'art, qu'Oricant affuroit que
lui même étoit ébloüi de l'amas
brillant de tant de belles chofes.
Lui & fes confidens avoient com-
pofé des Authomates, à qui ils
avoient donné la figure de Che-

H iiij

vaux Marins, auffi beaux que fin-
guliers. Ces Chevaux devoient
traîner le Char, & le Char devoit
porter les deux plus belles prifon-
nieres d'Oricant, l'une habillée en
Amphitrite & l'autre en Thetis,
un de fes confidens reprefentant
Prothée, & Oricant lui même fous
les ornemens d'un Demi-Dieu.
Un autre Char moins magnifique
que le premier devoit porter cinq
ou fix beautez ; l'élite des prifon-
nieres qui devoient paroître , des
Nymphes de la fuite des deux
Déeffes. Toutes ces fauffes Divi-
nitez devoient s'arrêter dans une
Place publique , & là les deux
Déeffes, après avoir impofé filence au Peuple, devoient lui dire ,
que touchée de fes malheurs & de
fa foumiffion aux ordres de Prothée , elles avoient enfin fléchi ce
Dieu en leur faveur , & que c'étoit
à leurs prieres qu'il vouloit bien
qu'on ceffât les facrifices fanglans

qu'on faisoit au Monstre, quoy
qu'on n'eût pû trouver une beauté
propre à remplir la place de la
Princesse de Bude, & les Déesses
devoient ajouter que Prothée entierement apaisé, vouloit à l'avenir
leur faire mille fois plus de bien,
qu'il ne leur avoit envoyé de mal,
s'ils vouloient achever de lui témoigner leur soumission, en rece-
vant un Roy de sa main. Alors le
prétendu Prothée devoit se lever,
& présenter Oricant au Peuple,
en leur disant, qu'il leur assuroit sa
protection la plus puissante & la
plus favorable, tant qu'ils seroient
fideles & obeïssans à ce Roy, qui
étoit un veritable favori des Dieux,
par toutes les belles qualitez dont
il étoit rempli.

Oricant qui connoissoit la cre-
dule superstition de ces Peuples, ne
doutoit pas qu'après que le prétendu Prothée se seroit expliqué
en sa faveur, il ne fut reçu Roy

avec acclamation. Il ſuppoſoit que
Prothée le laiſſeroit entre les mains
de ſes nouveaux ſujets, & qu'en
ſuite toute la troupe des Divini-
tez s'en retourneroit dans leurs
Chars, qui devoient diſparoître
aux yeux des Peuples, & s'enfon-
cer dans la terre, dans certaine
Caverne au bord de la Mer, qu'on
avoit préparée pour cet effet.
Après avoir joüé cette intrigue,
le Prothée & les autres confidens
d'Oricant devoient paſſer dans
des païs étrangers comblez de ſes
preſens, & choiſir chacun pour
épouſe celle des belles priſonnie-
res qui leur plairoit le plus; les autres de ſes infortunées captives eſ-
toient reſervées pour ſervir de ré-
compenſe à des emiſſaires ſecrets
qu'Oricant projettoit d'avoir dans
pluſieurs Cours.

Je vois dans vos yeux, Seigneur,
continua la belle Irlandoiſe, en
s'adreſſant toujours à Eubert, l'é-

tonnement que vous donne des
projets si pernicieux & si artifi-
cieusement conduits; vous pouvez
juger qu'elle fût nôtre douleur,
quand nous sçûmes bien certaine-
ment le malheureux sort à quoy
nous étions destinées. Nous re-
nouvellâmes au domestique d'O-
ricant les prieres & les promesses
que nous luy avions faites si souvent, pour l'engager à nous faire
sauver de nôtre prison ; mais il
nous repeta ce qu'il nous avoit dit
toûjours, que malgré le desir qu'il
en avoit, cela luï étoit impossible,
par les mesures que prenoit son
Maître pour nous bien garder. Il
nous dit que même il se trouvoit
hors d'une grande peine d'avoir
entendu toute cette longuë conversation d'Oricant, par laquelle il
avoit appris les secrets qu'il venoit
de nous reveller, puis qu'aupara-
vant ce moment il craignoit que ce
barbare n'eût des desseins encore

plus funeſtes pour nous ; il ajouta pour nous conſoler , que nous trouverions peut-être le moyen de nous échaper le jour qu'Oricant jouëroit ſa Comedie parmi le Peuple ; il n'y a plus gueres de tems à attendre, continua-t-il ; car pour en venir là , mon Maître ne veut plus prendre que deux filles , dont une doit être amenée dès demain, encore ne ſe ſeroit-il gueres ſoucié de celle-là , qui n'eſt qu'une beauté médiocre , s'il n'avoit ſçu par ſes eſpions , qu'aprés elle on en expoſera une qui eſt un chef-d'œuvre de la nature. Il y a long-tems que les Budois la gardent, & ils ont eu bien de la peine à ſe reſoudre à ſa perte ; mais enfin elle ſera expoſée au premier tour d'aprés celle de demain. Ce lendemain arrivé, Oricant ne manqua pas d'amener avec nous cette malheureuſe , qui ne nous parut en effet qu'une beauté ordinaire.

Nous attendions avec impatience le moment où Oricant devoit paroître en public ; & pendant ce tems nous roulions dans nôtre esprit mille differents moyens pour tâcher de recouvrer nôtre liberté, quand on nous sortiroit de nôtre caverne. Enfin le jour arriva où l'on devoit nous amener la derniere infortunée, qu'on destinoit à être compagne de nôtre sort. Mais dans l'instant où nous-nous attendions à voir venir Oricant avec cette belle proye, son Valet, qui étoit dans nos interêts, entra dans nôtre caverne tout hors d'haleine, en nous criant avec précipitation, sauvez-vous, mes Dames, mon Maître vient d'être tué dans le gosier du Monstre artificiel, par un Chevalier qui venoit deffendre la belle qu'on avoit exposée ; hâtez-vous de sortir, & courez vers la Ville ; car si les confidens de mon Maître alloient venir, vous ne seriez pas plus libres que vous étiez. A ces mots nous sortîmes toutes en foule, sans que la Mere d'Oricant y mit le moindre obstacle. Nous courûmes vers la Ville. Le Peuple étonné de voir tant de femmes assemblées, & d'une beauté à se faire remarquer, nous a environné avec l'indiscretion que vous avez vûë; nous craignons que leur ferocité ne s'en tînt pas-là, & ne nous exposât à quelques nouveaux malheurs; mais vôtre genereuse bonté, Seigneur, nous a affranchies de toutes sortes de dangers.

La Princesse & les deux Princes écouterent ce recit avec beaucoup de surprise. Quand il fut fini, le Roy d'Irlande présenta à Olimpe sa belle sujette qu'on nommoit Hermaingarde. La Princesse luy fit mille honnestetez, & fut ravie de la retenir auprès d'elle. Ensuite Hermaingarde luy presenta à son tour toutes ces belles étrangeres, les compagnes de sa captivité. Olimpe les reçut de la maniere du monde la plus agreable, & leur dit mille choses obligeantes. Le Roy & le Comte d'Angers en firent de même ; & après leur avoir fait des présens magnifiques & galans, ils eurent soin de les renvoyer chacune en leur païs commodement, & bien escortées.

Cependant l'amour du Roy d'Irlande devint en peu de tems si vive, qu'il ne pût s'empêcher d'en donner des marques éclatantes. Il promit à la Princesse Olimpe d'employer toutes ses forces pour la remettre dans ses Etats, & lui jura qu'il ne quitteroit point les armes qu'il ne l'eût mise en situation de se venger de son infidele époux, si elle le jugeoit à propos. Non, Seigneur, lui dit-elle, je ne veux point me venger, je ne veux que rentrer dans la possession d'une Souveraineté qui m'appartient, &

j'accepte avec toute la reconnoiſ-
ſance imaginable le genereux ſecours que vous voulez bien me
donner. Mais, Seigneur, je n'aſ-
pire qu'à recouvrer la Hollande,
je ne cherche point à punir le Duc
de Zelande ; s'il a fait des fautes
indignes, je ne prétends pas l'imiter.

Quoique cette réponſe ne fût
pas favorable aux deſſeins du Roy
d'Irlande, il admiroit la generoſité d'Olimpe. Le Comte d'Angers
qui étoit preſent a cet entretien,
n'en étoit pas moins charmé. Cependant ce Comte eut de la joye
de ſe voir degagé de la parole qu'il
avoit donnée à cette Princeſſe,
puiſque le Roy d'Irlande prenoit
ſoin de ſon rétabliſſement & de
tous ſes interêts. Il étoit deſeſperé
de ne pouvoir apprendre ce qu'é-
toit devenuë la Reine de Catay.
Le Roy d'Irlande tout plein de ſa
nouvelle paſſion avoit une extrême

me impatience d'en donner des marques sensibles à la Princesse. Après avoir donné des ordres fort prompts pour s'assurer la possession de l'Isle de Bude, il partit le lendemain avec le Comte, pour s'en retourner dans son Royaume. Il ne pût jamais obliger ce Prince à s'arrêter quelque tems à sa Cour. L'envie qu'il avoit de passer en France, l'en fit partir avec beaucoup de précipitation. L'amour & la gloire l'agitoient d'une maniere des plus violentes, & l'exposerent à mille surprenantes avantures, qui meriteroient une Histoire particuliere.

Peu de tems après le départ du Comte d'Angers, le Roy d'Irlande se mit en campagne. Il avoit fait une ligue avec l'Angleterre & l'Ecosse, & étoit parti avec Olimpe, qui consentit à être d'un voyage entrepris avec tant de zele pour ses interests. Elle fut accompagnée

I

d'une nombreuse Cour de Dames
Irlandoises, dont Hermaingarde
fut une des plus empressées. Cette
belle fille, dont l'heureux retour
avoit causé une joye si vive à ses
parens, se resolut cependant de
s'éloigner encore d'eux, pour suivre une Princesse à qui elle se sentoit moins attachée par ambition
que par penchant. Olimpe en avoit
aussi beaucoup pour elle, & luy
donnoit mille marques de distinc-
tion & de confiance.

Cependant le Duc de Zelande
qui ne songeoit qu'à toucher le
cœur de Rodelinde, apprit avec
une étrange surprise que son épouse étoit en Irlande, & avoit mis
dans ses interêts un Roy si puis-
sant. Il ne douta point que son
cœur & sa possession ne fussent le
prix de ce que ce Prince faisoit
pour elle. Il fut au desespoir de ce
que le retour de cette Princesse
dans le monde, découvriroit la

barbarie du procedé qu'il avoit eu
avec elle. Pour essayer de le cacher, il resolut de soutenir toûjours qu'il l'avoit cruë devorée
par les bêtes feroces de l'Isle deserte, & qu'ainsi elle étoit bien injuste de se plaindre de lui, & de
venir l'attaquer comme elle faisoit. Il se mit en devoir de prendre des mesures pour se bien def-
fendre, & publia des manifestes
contre Olimpe & le Roy d'Irlande. Il sentoit mille remords en faisant toutes ces choses ; il auroit
même été ravi de pouvoir rendre
la Hollande à sa veritable Souveraine, s'il avoit pû le faire sans s'a-
voüer coupable : mais il vouloit
tout tenter pour conserver sa gloire ; & malgré ses remords, il sa-
crifioit la reputation d'Olimpe à
la sienne. Voilà où en sont réduits
ceux qui ont quitté le chemin de
la vertu ; pour cacher un premier
crime, ils se trouvent entraînez

dans des crimes nouveaux.

Dans cette situation le Duc de Zelande étoit penetré de douleur & de rage ; il voyoit qu'il avoit fait une noire trahison, dont il n'avoit recueilli aucun fruit. Le fatal amour qui luy avoit coûté son innocence, l'avoit encore rendu malheureux d'ailleurs. Il avoit senti qu'il n'étoit point aimé de Rodelinde : mais comme il n'étoit pas endurci aux perfidies, il avoit épuisé sa hardiesse dans celle qu'il avoit faite à son épouse ; il ne se sentoit donc plus assez hardy pour porter sa tirannie jusqu'à contraindre la Princesse de Frise à luy donner la main par force. Il n'avoit cherché qu'à trouver le secret de luy plaire, il n'avoit point reüssi, mais il s'étoit flaté de jour en jour que le moment en viendroit. Cependant Valderand & la Princesse de Frise s'étoient conduits avec tant de prudence, qu'il n'avoit point découvert les desseins qu'ils avoient l'un pour l'autre.

Quand ces deux amans eurent été instruits par la renommée du destin de la Duchesse de Zelande, & des plaintes qu'elle faisoit de son époux, ils fremirent d'horreur; & pour comble de chagrin Valderand se trouvoit obligé de seconder son Frere dans la guerre injuste qu'il alloit soutenir. Rodelinde & ce Prince se firent de nouveaux sermens d'une fidelité éternelle, pendant que Birene qui cherchoit à flater sa douleur & son amour par quelque esperance agreable, tâchoit de se persuader que la résistance de Rodelinde avoit été un bonheur pour luy; parce que n'épousant cette Princesse qu'après l'éclat d'Olimpe, & après avoir fait un accomodement avec elle, & le Roy d'Irlande, on croiroit dans le monde, que

son épouse seule avoit eu tort dans
leur divorce, & qu'ainsi il recou-
vreroit toute sa gloire. Il partit accompagné du Prince son Frere,
& voulut que les Dames fussent
du voyage, parce qu'il ne pouvoit
se resoudre à perdre Rodelinde
de vûë. Mais les choses prirent
un train bien different de ce qu'il
avoit pensé ; son armée étoit petite, & presque toutes de troupes
ramassées ; celle du Roy d'Irlande étoit très nombreuse, & com-
posée de troupes aguerries. Elle
inonda tout d'un coup la Hollande, & prit plusieurs Villes consi-
rables avec beaucoup de rapidité.
Le Comte de Salvata se deffendit
dans la derniere de ces Villes avec
toute la valeur d'un homme fort
brave, & fort dévoüé à son Souverain ; mais cependant il fut obligé de ceder aux armes victorieu-
ses d'Eubert, & fut pris prisonnier.

Le Roy d'Irlande le préfenta à
la Princeffe Olimpe. Je fçay, Madame, lui dit Salvata. en l'abordant, que je deffendois une mauvaife caufe ; je fuis très perfuadé
qu'il étoit du devoir de toute la
Hollande de vous aller prefenter
fes refpects auffi-tôt que vous avez
paru ; mais, Madame, je fuis fujet d'un Prince qui m'avoit confié
les Villes, & la foy que je luy
dois m'a obligé de prodiguer mon
fang pour les deffendre , malgré
l'inclination que je fentois à les
remettre fous vôtre obéiffance.
Comte, répondit Olimpe, vous
avez fait vôtre devoir ; on n'eft
jamais que fort loüable d'être fidele à fon Souverain ; mais plût
au Ciel ! que le vôtre fut auffi
exact à garder fa foy, que vous
l'êtes à garder la vôtre ! Elle dit
ces derniers mots en foupirant.
Eubert le remarqua avec douleurs ;
& quand il fut feul avec elle, il

lui dit, est-il possible, Madame ?
que vous conserverez toûjours
tant de tendresse pour un infidele
qui en merite si peu ? je consenti-
rois à vous voir porter vôtre generosité jusqu'à ne vous point venger de lui : mais pouvez-vous songer à vouloir conserver des nœuds
qu'il a rompus si indignement.
Vous êtes libre, Madame, la trahison qu'il vous a faite dissout vôtre funeste mariage. Je ne le compte pas ainsi, Seigneur, répondit
Olimpe, en soupirant encore de
nouveau, des nœuds que le Ciel
a formez ne se rompent point de
cette maniere ; il n'a pas été au
pouvoir du Duc de Zelande de
les aneantir ; & tant qu'un de
nous deux respirera, bien - loin
d'être en état de nous dire libres,
nous serons toûjours liez l'un à
l'autre. Ah ! Madame, s'écria tristement le Roy d'Irlande, si vous
vous obstinez à vouloir rester dans
ces

ces affreux liens que deviendra le
malheureux Eubert! je vous adore , continua-t-il , & je ne crois
pas que vous ayez été jufqu'à ce
moment à vous en apercevoir :
ma tendreffe fe flatoit quelque
fois que fa vive ardeur & fa pure-
té pourroient vous la rendre favorable; mais, Madame , il n'y a
donc plus d'efpoir pour moy ?
puifque malgré la plus horrible
perfidie, vous ne voulez pas vous
dégager d'avec un indigne époux.
Je vous ay deja dit , Seigneur,
reprit la Princeffe , que ce dégagement ne dépend point de moy ;
je fuis affujettie à la foy que j'ay
donnée au Duc de Zelande ; le
Ciel m'a fait fon époufe , malgré
fa trahifon je fuis obligée de garder ce titre ; tout ce que je puis
vous donner eft une eftime &
une reconnoiffance parfaite , &
je vous crois trop genereux pour
vouloir exiger d'autres fentimens

K

de moy, puisqu'il est constant qu'ils blesseroient ma gloire. Non, Madame, repartit Eubert, je ne prétens jamais rien exiger qui la puisse blesser; & pour vous faire voir jusqu'où va ma soumission pour vous, je cesseray même de combattre la severité de vos maximes, je vais ensevelir dans le silence l'amour le plus tendre & le plus fidele qui fût jamais, je vais vous remettre dans vos Etats sans esperer d'autre fruit du succès de mes armes, que le plaisir de vous avoir servie : heureux ! si en vous servant je pouvois trouver la fin d'une vie, qui me sera insuportable loin de vous. Vous seriez bien injuste, Seigneur, repliqua Olimpe, si au lieu de prodiguer une si belle vie, vous ne mettiez beaucoup de soins à la conserver : plein de grandes qualitez, adoré de vos sujets, estimé de l'Europe entiere, vous devez attendre un sort aussi doux que brillant. Après que vous aurez achevé ce que vôtre grand cœur vous a fait entreprendre pour moy, chofiffez-vous une époufe d'un merite qui réponde au vôtre, & allez dans vôtre Royaume oublier les funeftes appas de l'infortunée Olimpe ; elle ne demande de vous qu'une forte de bienveillance que fes malheurs & vôtre generofité ne peuvent pas manquer de lui attirer. Pour moy, Seigneur, ajouta-t'elle en répandant des larmes, exilée dans mes propres Etats, j'y pafferay mes jours à pleurer la perfidie d'un époux ; mais au milieu de mes douleurs je conferveray pour vous une eftime & une reconnoiffance éternelle, & je feray fans ceffe des vœux au Ciel pour vôtre felicité. Eubert vouloit repondre, mais fans luy en donner le tems, la Princeffe reprit : finiffons, Seigneur, un entretien qui ne peut

que nous être douloureux à l'un
& à l'autre, & daignez seulement
vous souvenir de ce que vous ve-
nez de me promettre. Oüy, Madame, dit le Roy d'Irlande, je
m'en souviendray, je ne vous en-
tretiendray plus d'un malheureux
amour; mais en vous en parlant
pour la derniere fois, souffrez que
je vous dise, que c'est envain que
vous lui conseillez le changement.
Eloigné, maltraité, & enfin sans
nulle esperance, il se conservera
toûjours aussi vif qu'il est aujour-
d'huy; & malgré les yœux de mes
sujets, puisque je ne puis être à
vous, je ne seray jamais à personne. Je serois inconsolable de
cette resolution, s'écria Olimpe,
si je n'esperois, Seigneur, que le
temps vous fera prendre des sentimens plus judicieux. Après ces
mots Eubert la quitta pour aller
donner quelques ordres à son armée; & à peine ce Prince fut-il

forti, qu'on vint avertir Olimpe,
qu'un Gentilhomme Hollandois,
qui avoit été blessé mortellement
au dernier siege, la suplioit avec
instance qu'il pût luy parler avant
que d'expirer.

La Princesse qui aimoit fort ses
sujets, consentit de bonne grace
à luy donner cette satisfaction, &
dès le moment même se fit mener
où il étoit : mais sa surprise fut
extrême, quand elle reconnût ce
Gentilhomme blessé pour son fidele Hunoric. Elle luy témoigna
mille sentimens pleins d'une bonté
infinie ; & lui donna mille marques d'une consideration distinguée ; & comme elle vit qu'il luy
repondoit avec beaucoup de presence d'esprit, & avec une voix
assurée, elle lui dit obligeamment,
on m'est venu allarmer mal à propos, mon cher Hunoric, il me
paroît seur que vous n'êtes point
blessé mortellement : au contraire,

j'espere que vôtre guerison sera
prompte; mais, dites moy, qu'est
devenu vôtre frere. Il est mort,
Madame, repondit tristement Hunoric; & comme je suis très per-
suadé que malgré la vivacité que
me donne vôtre présence, je le
suivray dans peu de tems, je vous
suplie d'écouter ce qu'il m'a engagé par serment de vous déclarer
de sa part, dès l'instant que j'aurois l'honneur de vous aprocher.
Je pourray peut-être vivre encore
huit ou dix jours, continua Hunoric; mais il est seur que ma bles-
sure est mortelle; ainsi, Madame,
puisque vous avez eu la bonté de
venir icy, daignez m'écouter, afin
que je ne perde pas le fruit d'une
si précieuse visite. Que vous m'affligez, interompit Olimpe, vous
m'annoncez la mort de vôtre frere, un sujet si fidele & qui m'étoit
si cher, & vous me refusez la douceur d'esperer vôtre vie. Helas !

Hunoric , continua-t-elle , que tous les hommes n'ont-ils des fen.timens auffi pleins de droiture & de fincerité , que ceux que j'ay toujours remarquez dans vous & vôtre frere , je ne ferois pas réduite dans la funefte fituation où je fuis ; jugez donc avec l'eftime que j'ay toûjours euë pour des Sujets comme vous , quelle douleur je fentiray de vous perdre tous deux; & encore dans un tems où la confolation de mes amis m'eft fi neceffaire. Mais, ajouta-t-elle , je vous arrête par des réflexions inutiles , hatez-vous de me dire ce qu'a fouhaité Ferantrec ; il n'eft point de recompenfe en mon pouvoir que je vouluffe refufer à la fidelité de fes fervices & des vôtres : cependant fi vous ceffez de vivre , je perdray le plaifir que j'aurois fenti à vous combler de bienfaits après mon rétabliffement. Si je pers cette fatisfaction ,

du moins déclarez moy sur qui
vous voulez que je fasse éclater
ma reconnoissance. Olimpe se tût;
& Hunoric, aprés avoir soupiré
plusieurs fois, prit ainsi la parole.

HISTOIRE
DE HUNORIC
ET
DE FERANTREC.

VOus vous souvenez sans
doute, Madame, avec quel-
le douleur mon frere & moy vous
rendismes compte par nos lettres
du peu de fruit de nos negocia-
tions envers les Allemans & les
Anglois, malgré les paroles que
l'un & l'autre de ces Peuples nous
avoient données d'abord de vous
fournir des troupes pour tirer le
Duc de Zelande de prison. Nous

aprîfmes enfuite de quelle maniere ce Duc en avoit été délivré
par la valeur du Comte d'Angers,
& enfin vôtre mariage avec un
Prince qui vous avoit couté tant
d'allarmes. Sur ces nouvelles, je
partis de l'Allemagne pour aller
joindre mon frere en Angleterre,
dans le deſſein de nous rendre
tous deux en même-tems à vôtre
Cour. En arrivant auprès de mon
frere, je le trouvai qui commençoit à être indiſpoſé, & en peu
de jour ſa maladie augmenta ſi
fort, que je vis bien qu'il nous
étoit impoſſible de partir de long-
tems. Malgré tous les ſoins que je
pris, le mal de Ferantrec ſe tourna à la mort ; on l'en avertit pendant qu'on me le cachoit encore.
On voyoit qu'il regardoit la perte
de ſa vie avec indifference, &
l'on ſçavoit bien à quel point cette vie m'étoit chere. Quand il fut
ſeur qu'elle finiroit bien-tôt, il té-

moigna qu'il vouloit avoir avec
moy une converfation particuliere. Lorfque nous fûmes feuls il
me dit , qu'il étoit perfuadé que
j'apprendrois avec douleur qu'il
alloit ceffer de vivre , puifque j'avois toûjours eu pour lui l'amitié
la plus ardente que le fang puiffe
infpirer. Je m'affligé beaucoup à
cette nouvelle ; & lui après m'avoir marqué une reconnoiffance
fort vive des manieres tendres dont
j'avois toûjours agi à fon égard ,
me dit mille chofes pleines de
grandeur d'ame & de fageffe , pour
m'exhorter à fuporter fa perte avec
conftance ; puis il ajouta , outre
toutes les raifons de vous confoler dont je viens de vous faire
fouvenir, il y en a encore une qui
vous y doit porter plus particulierement ; c'eft, mon frere , que depuis plufieurs années je fuis agité
d'une paffion tirannique, qui m'a
donné tant de degoût pour la vie,

que moi & tous ceux qui prennent
interêt à mon fort , doivent regarder la fin de mes jours comme un
bonheur. Ouy , mon cher frere ,
continua-t-il , il faut que je vous
faffe un aveu, que le feul état où
je fuis peut m'arracher. J'adore
l'incomparable Olimpe depuis le
moment que les deffeins de nôtre
fortune nous attacherent auprés
de cette Princeffe. En vain j'ay
fait mille efforts pour empefcher
mon cœur de fuccomber à un
amour qui devoit troubler tout le
repos de ma vie , je n'ay jamais
pû vaincre fon penchant. La feule chofe qui ait été en mon pouvoir, ç'a été de cacher toûjours fi
bien tous les mouvemens de cet
amour malheureux , que la Princeffe , ni qui que fe foit n'en ont
jamais eu la moindre connoiffance ; & quand j'aurois vefcu une
longue fuite d'années, j'aurois toûjours gardé un pareil filence , fer-

vant ma Souveraine avec un zele & un devoüement qui lui ſont
dûs, quand l'amour ne m'anime-
roit pour elle en aucune maniere.
Mais helas ! Quelle violence ne ſe
faut-il point faire, pour ᴄcher
ſans ceſſe des mouvemens auſſi
vifs que ceux de l'amour ! Que ne
ſouffre-t-on point d'être toûjours
en la preſence d'un objet qu'on
idolâtre, ſans qu'on oſe par le
moindre regard faire paroître l'ardeur qu'on ſent. J'aurois donc
coulé mes jours dans un état le
plus douloureux du monde ; mais
puiſqu'ils vont finir, je vous prie,
mon frere, d'apprendre à la Princeſſe dès que vous la verrez, les
ſentimens que ſes charmes m'a-
voient inſpirez. Après ma mort
elle n'en ſera point offenſée : au
contraire j'oſe me flater qu'elle
donnera quelques plaintes à ma
deſtinée ; & mon exemple prou-
vera que quelque violent que ſoit

l'amour, quand le devoir l'oblige
à se taire, le respect en est toûjours le maître dans le cœur d'un
honnête homme. Je ne pûs retenir mes larmes pendant tout le
discours de Ferantrec ; lorsqu'il
fut fini, il m'embrassa plusieurs
fois fort tendrement, & me fit
jurer de vous informer du secret
qu'il m'avoit confié ; après il me
dit encore mille choses qui marquoient la force, & la délicatesse
de sa passion pour vous ; puis ensuite il me pria de me retirer pour
ne le plus laisser penser qu'au Ciel ;
& enfin il expira le lendemain
dans mes bras.

Vous jugez bien, Madame,
que la mort d'un frere qui m'étoit
si cher, me toucha sensiblement ;
mais vous ne penetrez pas qu'outre sa perte, j'avois encore mille
raisons de m'affliger mortellement.
Quand Ferantrec m'avoit fait le
recit de ce qu'il avoit senti pour

vous depuis le moment que nous nous étions attachez à vôtre Cour, j'avois crû voir la peinture de mes sentimens. Je fus prêt cent fois à lui rendre confidence pour confidence, à dessein de lui faire voir qu'il n'étoit pas le seul malheureux par les mêmes causes ; mais je fis réflexion qu'en l'état où il étoit, un pareil aveu ne feroit que lui donner un nouvel accablement, ainsi j'eus la force de me taire, mais je n'eus pas celle de ne point entrer dans le desespoir, lors qu'après sa mort je songeois au terrible message dont il m'avoit chargé à vôtre égard. Je ne comprenois pas comment je pourrois vous cacher les mouvemens de ma passion, en vous expliquant la sienne. Le regret de la mort de mon frere, & la peur de ne pas bien remplir ses intentions me déchiroient le cœur: d'un autre côté la crainte de vous déplaire me faisoit fremir. Agité de

tant d'inquietudes douloureuses,
je tombai à mon tour violemment
malade. Comme ma destinée n'é-
toit pas encore remplie, les remedes me firent revenir. Mais je
commençois à peine à recouvrer
ma santé, que j'appris que les bêtes feroces vous avoient devorées
dans une Isle deserte.

Cette funeste nouvelle me fit
retomber dans l'état d'où l'on venoit de me tirer. Cependant après
une longue suite de maux & de
langueurs, je me trouvai encore,
malgré moy, rendu à la vie : mais
elle me fut bien moins à charge,
quand je sçus, que non seulement vous n'étiez point morte dans
l'Isle deserte, mais encore que la
vaillante adresse du Comte d'Angers vous avoit si heureusement
délivrée de la fureur du Monstre
Marin ; j'appris ensuite, Madame, continua Hunoric, l'étrange
procedé du Duc de Zelande à vô-

tre égard. Je ne vous diray point
de quelle douleur mortelle j'en
fus penetré; mais comme on m'annonça encore les préparatifs que
le Roy d'Irlande faifoit pour vôtre rétabliffement, je fentis renaître ma joye, trouvant une fi
belle occafion d'aller répandre
mon fang pour vôtre fervice; je
fongai donc à recouvrer une entiere fanté le plus promptement
qu'il me feroit poffible; & enfin
je fuis venu prendre parti dans
les troupes du Roy d'Irlande,
où j'ay eu le bonheur de me faire
diftinguer plus d'une fois. En arrivant dans cette Armée je fis d'abord deffein de m'aller préfenter
à vous, & de vous dire les chofes dont mon frere m'avoit chargé; mais la crainte que mon cœur
ne me trahît me retint, & j'attendois que le temps eut un peu
adouci les triftes idées de la mort
de mon frere, pour avoir plus de
fermeté

fermeté. Cependant j'ay été bles-
sémortellement , & je n'aurois
pû quitter la vie avec tranquilité ,
si j'avois manqué d'executer les
dernieres volontez d'un frere aussi
fidele sujet que déplorable Amant.
Souffrez, Madame, que j'ose profiter de cette fatale occasion, pour
vous dire que j'ay été toute ma
vie aussi coupable & aussi innocent que Ferantrec. Comme luy
je vous ay adorée dès le premier
moment que je vous ay vûë ;
comme lui , le respect m'auroit
toûjours fait ensevelir mes feux
dans le silence , tant que j'aurois
cru vivre ; & comme lui, enfin, je
ne puis me refuser en mourant la
flateuse douceur de vous apprendre à quels maux cruels j'ay été
livré. Trop heureux ! que malgré
leur imperieuse tirannie, j'ay cependant rempli mon devoir assez
exactement , pour mourir avec la
touchante gloire de vous voir sa-
tisfaite de mon zele.   L

Hunoric ſe tût après ces mots. La Princeſſe étoit ſi ſurpriſe & ſi attendrie, qu'elle n'avoit pas la force de lui répondre. Enfin après avoir rappellé toute ſa fermeté, elle lui dit; vous & votre frere m'avez toûjours ſi bien conſervé le reſpect que me doivent des ſujets, & vous avez toûjours tous deux ſi bien remp i vôtre devoir, que je ne puis me plaindre de vous; je ne me plains que du deſtin d'avoir livré à des ſentimens capricieux deux braves hommes que j'eſtimois tant, & dont j'avois tant de raiſons de loüer le genereux attachement à ma fortune. Mais Hunoric, ajouta-t-elle, en le regardant avec bonté, tâchez de vivre, je vous promets d'oublier l'aveu que vous me faites aujourd'hui, & de vous rendre toute ma confiance & toute mon eſtime. Cependant, ſi malgré mes ſouhaits vous perdez la vie, ainſi que

vôtre frere , je vous affure que je
me fouviendray toûjours de vous
deux avec beaucoup de confide-
ration , & j'en donnerai des marques à tous ceux qui reftent de
vôtre famille. Hunoric vouloit repartir, mais la Princeffe lui impo-
fa filence, & lui dit qu'il fe faifoit tort de tant parler : il ne répondit donc que par des fignes de
reconnoiffance refpectueufe , &
puis Olimpe fe retira.

Lors qu'elle fut feule, elle penfa avec une forte d'admiration à
la délicateffe & la fidelité de ces
deux infortunez freres, à qui elle
avoit infpiré, fans le fçavoir , une
paffion fi fatale à leur bonheur.
Elle fit comparaifon de leurs fentimens avec ceux de Birenne , &
ces réflexions la jetterent dans une
trifteffe profonde. Elle envoya fouvent fçavoir des nouvelles d'Hunoric, & en eut tous les foins que
fa generofité naturelle pût lui inf-

L ij

pirer. Cependant malgré tout ce qu'on pût faire, il mourut quelques jours après l'entretien qu'il avoit eu avec sa Princesse. Elle en fut fort touchée ; mais le lendemain de cette mort, elle eut encore bien d'autres sujets de s'affliger.

Le Roy d'Irlande, qui ne songeoit qu'à terminer la guerre par l'entier rétablissement d'Olimpe, trouva moyen d'engager les Zelandois, malgré leurs détours, à une bataille generale. Comme l'armée d'Eubert étoit beaucoup superieure en nombre, ce Prince eût de son entreprise le succès qu'il en attendoit. Le combat fut long & opiniâtre. Le Duc de Zelande & le Prince son frere y firent des prodiges de valeur ; mais enfin ils succomberent sous le nombre ; & après avoir été percé de plusieurs coups dangereux, Birenne fut pris prisonnier. Son armée fut en-

tierement défaite ; & Valderand
avec une petite troupe de Cava-
lerie eut befoin de toute fa valeur
& de toute fon adreffe pour reüffir
à fauver Rodelinde, & les autres
Dames.

Comme le Roy d'Irlande étoit
Maître de beaucoup de bonnes
Villes, il n'étoit pas obligé, ainfi
que Birene, à tenir les Dames dans
fon Camp. Olimpe & toutes les
Dames Irlandoifes étoient dans la
Ville la plus proche du Camp; &
ce fut dans ce lieu que l'on con-
duifit le Duc de Zelande, fur la
priere qu'en fit Olimpe dès l'inftant
qu'elle le fçut prifonnier. Quand
cette Princeffe le vit arriver pâle & couvert de fang, elle fit un
grand cri, & puis tomba évanoüie. Ce cri retira Birene de la
rêverie où il étoit plongé; il leva
les yeux, & vit fon époufe infortunée que fes femmes emportoient
comme morte. Ce fpectacle l'at-

tendrit ; mais quoique le Chariot
où il étoit marchât lentement , il
l'eût bien-tôt perdu de vûë ; il fut
trois ou quatre fois ſur le point de
faire arrêter , mais il craignoit ſi
fort de hazarder la moindre dé-
marche qui pût faire ſoupçonner
qu'il s'avoüoit coupable , qu'il re-
ſiſta aux mouvemens de ſa pitié.

Cependant comme les Hollandois ne demandoient qu'à rentrer
ſous l'obéïſſance de leur Princeſſe , ils lui ouvrirent les portes de
tout ce qui reſtoit de Villes qui
tenoient encore pour le Duc de
Zelande. Un ſeul Château où
Valderand avoit mis les Dames
en ſeureté , étoit obligé de tenir
encore ſon parti à cauſe de la forte garniſon de Zelandois qui étoit
dedans. Valderand envoya au plutôt vers le Duc ſon frere , pour
lui demander ſes ordres , & pour
le prier de lui permettre d'offrir
les choſes les plus avantageuſes

aux Irlandois pour ſa rançon.
Les Envoyez de Valderand trouverent Birene extrêmement mal ;
ſes playes étoient fort dangereuſes, & il étoit ſaiſi par une fiévre
très-violente. Il étoit ſi accablé,
qu'après avoir répondu en fort
peu de mots aux honnêtetez du
jeune Prince, il dit à ſes gens que
ſon frere pouvoit faire tout ce qu'il
jugeroit à propos, & pour ſa liberté
& pour d'autres égards ; qu'il lui
donnoit permiſſion d'agir par lui-
même, & qu'il connoiſſoit ſi bien
ſon bon ſens, qu'il ne doutoit point
qu'il n'eût tout ſujet d'être content
de ſon procedé. Ses Envoyez virent
de la part de leur Maître le Roy
d'Irlande, & la Princeſſe Olimpe.
Elle avoit obtenu de la déférence
de ce Roy à ſes volontez, que le
Duc de Zelande reſteroit libre
dans la Ville de Hollande, ou il
étoit. Elle l'annonça à ces Zelandois pour le dire de ſa part au jeu-

ne Prince. Ils partirent fort satis-
faits des honnêtetez de la Princesse & de celle d'Eubert; & dès
qu'ils eurent rendu compte à Valderand de leur voyage, il les ren-
voya sur leurs pas pour demander une tréve, qui fut accordée
aussi-tôt, parce qu'Olimpe le sou-
haita.

Cette Princesse qui se trouvoit
comblée des generositez d'Eubert,
ne laissoit pas cependant d'être
cruellement inquiete; l'état où
étoit Birene la penetroit de douleur. Outre la tendresse qu'elle sentoit encore pour lui, elle se faisoit des reproches amers d'être
cause en quelque sorte des blessures de ce Duc. D'ailleurs elle
voyoit Eubert maître de tous ses
Etats; & quoi qu'elle comptât
beaucoup sur le cœur genereux
de ce Roy, elle avoit peine elle-
même à consentir qu'il eut entrepris une guerre d'une si grande
dépense

dépense fans en retirer aucun fruit.
Elle resolut donc de faire enforte
qu'il lui en revînt quelque utilité.
Pleine de ce projet elle alla trouver ce Prince. Vous devriez ne
me voir icy, Seigneur, lui dit-
elle, que pour redire fans cesse ce
que la reconnoiffance la plus vive
peut infpirer : j'y viens cependant
pour vous demander encore une
nouvelle grace. Parlez, Madame,
lui répondit le Roy d'Irlande,
vous n'avez qu'à ordonner, non
feulement vous êtes naturellement
Souveraine en ces païs, mais encore vous le ferez par tout où je
pourray donner des loix. Puifque
vous avez la complaifance, repartit Olimpe, d'avoir égard à mes
fouhaits, je vous fuplie donc, Seigneur, d'accepter la proprieté de
deux de mes Provinces que vous
choifirez ; je fçay que ces petites
Provinces font peu dignes d'être
offertes à un aufli grand Prince

M

que vous. Mais qui est-ce qui pourroit vous faire des présens proportionnez à vôtre grandeur & à vôtre mérite ? Je vous demande pardon, Madame, repliqua Eubert avec précipitation, si je n'accepte point vos dons ; mais je ne pourrois le faire sans qu'il en coûtât trop à ma gloire. Je n'ay entrepris vôtre rétablissement, Madame, continua-t-il, que pour le plaisir de faire une belle action, & pour celui de rendre service à une Princesse toute admirable, j'ay eu le bonheur de reüssir ; souffrez que je puisse joüir d'une gloire sans mélange. Du moment que vous aurez fait la paix avec le Prince Valderand, & que vous serez tranquille dans vos Etats, je m'en retourneray dans les miens. Heureux encore ! si je n'ay à suporter que les peines de l'absence, & que je ne vous sçache point retournée sous le joug d'un infidele époux, dont le mauvais caractere me donnera sans cesse sujet de trembler pour vos jours ; & .... ne parlons plus du procedé de ce malheureux Prince, interompit Olimpe ; comme il n'étoit pas né pour les perfidies, je croy que ses remords m'ont vangée de celle qu'il m'a faite ; & de plus il en est assez puni par le triste état où il est. Mais, Seigneur, vous voulez me mettre dans le chagrin de rester ingrate envers vous ; car enfin, puisque vous refusez ce que j'ay osé vous offrir, par où voulez-vous que je vous prouve ma reconnoissance. Je suis assez récompensé, répondit Eubert, par l'honneur de vous avoir servi : cependant si vous me permettez d'aspirer à des graces, souffrez, adorable Princesse, que je vous demande celle de vous souvenir avec quelque pitié des sentimens que vous a témoignez un Prince le plus tendre & le plus touché qui fût jamais. Adieu, Madame, ajouta-t-il, il faut que je fuye, je sens ma foiblesse, & je craindrois de ne vous pas tenir la parole que je vous ay donnée, de ne vous plus parler d'une passion aussi vive qu'infortunée. Tout ce que je puis vous assûrer, c'est que quelque puisse être vôtre rigueur pour moy, vous serez toûjours maîtresse de vôtre sort & du mien. Après ces mots il quitta Olimpe, qui sentoit toûjours augmenter son estime pour la grandeur d'ame de ce Prince, & qui ne pût s'empescher d'être attendrie de l'agitation où elle le voyoit.

Cependant comme cette Princesse étoit fort attentive à s'informer de la situation où étoit Birenne, elle apprit qu'il y avoit quelques heures que ce Duc avoit perdu connoissance, & étoit tombé dans des resveries furieuses. Elle fremit à cette nouvelle, &

auroit couru au même moment
auprès de lui, si Hermaingarde ne
l'en eût empeschée, en lui repre-
sentant qu'elle n'auroit que de
nouveaux sujets de douleur, en
voyant un Prince qui n'avoit plus
de raison, & en lui conseillant
d'attendre à faire cette visite, qu'il
en eût recouvré l'usage. Olimpe
se rendit à ces conseils ; mais cependant elle étoit dans une inquietude, & une affliction inconcevâ-
ble. Elle envoyoit incessament sçavoir en quel état étoit son époux,
& versoit des torrens de larmes.
Il y avoit déja un tems assez long
que cette Princesse s'abandonnoit
à sa douleur, quand on lui vint
dire vers le soir, que profitant de
l'occasion de la tréve, le Prince
Valderand & la Princesse de Frise
demandoient à la voir. Quoique
dans l'accablement où elle étoit, elle
trouva un supplice de s'arracher à
la solitude, elle ne pût refuser

cette viſite. Malgré l'affliction &
la pâleur qui la defiguroient, Valderand fut ſurpris de ſes charmes.
Olimpe le reçut parfaitement
bien, & fit auſſi beaucoup d'honnêtetez à Rodelinde, qu'elle ſçavoit bien n'avoir aucune part aux
infidelitez de Birenne.

Après les premieres civilitez,
Valderand dit à Olimpe, la Princeſſe de Friſe & moy, Madame,
venons de quitter un Prince qui
eſt dans un état pitoyable ; il a une
fiévre des plus ardentes, & eſt
dans un tel délire, qu'il ne nous
a reconnu ni l'un ni l'autre ; ce
qui me conſole, c'eſt que les Chi-
rurgiens m'ont aſſuré de ſa guériſon ; & même comme il a une extrême jeuneſſe, & un fort bon tem-
perament, j'eſpere que cette guériſon ne ſera pas longue. Cependant, Madame, j'ay ſaiſi l'occaſion de la tréve pour venir vous
donner des marques de mon reſ-

pectueux empreſſement. La Princeſſe que vous voyez à voulu être
de la partie , elle ſe loüe ſans ceſſe des bontez que vous avez euës
pour elle au commencement de ſa
captivité ; & moy , Madame , je
ne puis vous rendre aſſez de graces des deſſeins genereux que
vous aviez inſpirez en ma faveur
au Duc mon frere. Plein de confiance ſur ce que je ſçay de la
grandeur de vôtre ame , j'oſe venir vous ſuplier de redonner vôtre tendreſſe au Duc de Zelande ;
& j'oſe encore vous demander vôtre protection pour moy auprès de
ce Prince, pour obtenir de lui qu'il
m'accorde la Princeſſe de Friſe
pour épouſe. Elle a la bonté de
ſouſcrire à mes vœux , & cette
Princeſſe & moy conſentons avec
joye, que le Duc mon frere garde
la Friſe , pourvû qu'il ne s'oppoſe
point à une union qui ſeule peut
faire nôtre bonheur. Helas ! Prin-

ce, répondit Olimpe, il n'est pas
neceffaire de me prier de rendre
ma tendreffe au Duc de Zelande;
car malgré fon étrange procedé,
je ne l'a lui ait jamais ôtée ; mais
il eft bien inutile qu'il me foit toûjours cher, puifque je fuis devenuë infuportable à cet infidele
époux, & qu'il ne cherche qu'à
s'engager dans de nouveaux liens.
Oüy, continua-t-elle, je fuis feure qu'il aime toûjours la Princeffe
de Frife, quel que foit le penchant
qu'elle a pour vous ; je fuis donc
bien éloignée d'être en fituation
de rendre l'ingrat favorable à vos
defirs. Nous fommes perfuadez,
Madame, dit Rodelinde, le Prince Valderand & moy, que vous
réprendrez tout le pouvoir que
vous aviez fur le cœur du Duc de
Zelande dès qu'il vous revera ; les
deffeins qu'il a eus pour moy ne
font que l'effet d'un égarement
dont il envifagera l'injuftice avec

horreur, car naturellement il aime son devoir. D'ailleurs pour y
rentrer par la seule consideration
de sa felicité, il n'a qu'à examiner la difference qu'il y a de vous
à moi. Vous êtes si remplie de merite, & j'en ay si peu.... Ne parlons point de mérite, interompit
Olimpe. Je sçay bien, Madame,
que lorsqu'il ne s'agira que de cela, vous l'emporterez toujours sur
moy ; mais j'ay la foy du Duc de
Zelande, & c'est ce qui nous per-
suade, Madame, dit Valderand,
qu'il ne tiendra qu'à vous de reprendre tous vos droits ; vous avez
pour vous la raison & des charmes
sans nombre, & par dessus cela
une generosité qu'on ne peut assez
admirer. Oüi, Prince, reprit Olimpe, je vous promets que si le Duc
mon époux à des remords de ses
injustices, & qu'il veüille reprendre quelque consideration pour
moy, je vivray avec lui comme

s'il ne m'avoit jamais outragée.
Mais, ajouta-t-elle, en ſoûpirant,
nous faiſons bien des projets ſur
la vie de ce Prince, & peut-être
qu'en ce moment elle eſt prête à
finir. Helas ! pourſuivit-elle, que
je ſerois malheureuſe ! s'il perdoit
le jour ſans qu'au moins je lui
euſſe marqué avec quelle ſincerité
je lui pardonne les maux qu'il
m'a faits. J'eſpere, Madame, répondit Valderand, que nous le
verrons bien tôt ne vous plus donner d'allarmes pour ſa vie, & charmé des genereuſes bontez. dont
on ne peut aſſez vous rendre de
graces. Après ces mots, Valderand & Rodelinde ſortirent pour
aller rendre au Roy d'Irlande une
viſite de civilité. Olimpe envoya
encore ſçavoir comment ſe trouvoit le Duc de Zelande. On lui
rapporta qu'il étoit toûjours en
même état, & cette Princeſſe paſſa
la nuit dans des inquiétudes extrêmes,

Elle n'étoit pas la feule dans ce lieu dont l'ame fut agitée: Le Roy d'Irlande n'étoit pas plus tranquile. Plein d'amour, accablé de defefpoir, il formoit mille vœux qui fe détruifoient l'un l'autre. Quelquefois n'envifageant que fes propres interêts, il fouhaitoit que le Duc de Zelande confervât toûjours l'éloignement qu'il avoit pour fon époufe, afin que cette Princeffe faifant la comparaifon des empreffemens obligeans d'un amant genereux & foumis, avec les mépris d'un époux injufte & tiranique, elle fe déterminât à donner fa tendreffe à un tel amant. D'autre fois condamnant un fentiment fi peu délicat, il fe reprochoit d'être plus attaché à fes interêts qu'à ceux de fa Princeffe, & revenoit à fouhaiter qu'elle fût aimée plus que jamais du Duc de Zelande, & qu'elle paffât avec cet époux des jours auffi beaux qu'elle en meritoit. Puis ſentant bien que quand cela arriveroit, il ne pourroit jamais renoncer à l'amour qu'il avoit pour elle ; il faiſoit de douloureuſes reflexions ſur la maniere funeſte dont il paſſeroit ſa vie, livré ſans ceſſe à une paſſion ſans eſpoir. Dans d'autres momens il ſe diſoit, que malgré tout ce qu'on publioit ſur la certitude de la guériſon du Duc de Zelande, peut-être ce Prince étoit prêt à deſcendre dans le tombeau. Alors il ſe ſentoit animé d'une eſperance la plus flateuſe du monde ; mais il reſtoit peu dans cette ſituation, ſa generoſité ne lui pouvoit pas permettre d'aſpirer à un bonheur qui pût coûter la vie à quelqu'un ; il ne vouloit donc point que le Duc de Zelande mourût ; & enfin, tourmenté par mille mouvemens oppoſez, il attendoit le jour avec une impatience la plus vive.

Celle du Prince Valderand étoit

à peu près pareille. Il brûloit d'être auprès du Duc son frere. Il se flattoit que la raison lui seroit revenuë ; il se flattoit aussi qu'avec le retour de cette raison, le Duc après tant de caprices de sentimens & de revers du sort, redonneroit sa tendresse à son épouse ; & il esperoit que cette Princesse obtiendroit bien-tôt de Birenne le consentement qu'il souhaitoit de ce Prince pour épouser Rodelinde. Ce mariage étoit l'objet de tous ses vœux ; la passion qu'il avoit pour la Princesse de Frise étoit aussi forte qu'ardente, & il lui paroissoit que la vie lui seroit insupportable, s'il n'étoit seur de la passer avec cette Princesse. Elle étoit à son égard dans les mêmes sentimens, ainsi ses inquietudes étoient assez semblables.

Le Comte de Salvara n'étoit pas plus tranquile que ces deux amans. Les charmes d'Hermaingarde le retenoient plutôt prisonnier du Roy d'Irlande, que la difficulté de trouver une rançon. L'amour de ce Comte n'étoit pas indifferent à la belle Irlandoise, & tous deux aspiroient avec ardeur au retour de la paix, dans le dessein de s'unir d'un lien éternel aussi tôt qu'elle seroit concluë.

Cependant vers le milieu de la nuit, le Duc de Zelande sortit du délire plein de resverie où il étoit plongé. La raison lui revint tout à coup ; mais comme pendant le trouble de son esprit, cent objets differents s'étoient présentez à son imagination, qui tous lui retraçoient les vertus de son épouse, & la barbarie du procedé qu'il avoit eu envers elle, il n'eut pas plutôt recouvré l'usage de sa raison, qu'il se sentit livré aux remords les plus cruels, & aux réflexions les plus accablantes. Mille choses lui paroissoient dans tout

un autre point de vûë qu'il ne
les avoient envisagées jusqu'alors.
Loin de conserver encore de l'a-
mour pour Rodelinde, il detes-
toit celui qu'il avoit eu pour elle,
il étoit penetré de repentir à l'é-
gard d'Olimpe, & n'aspiroit qu'à
lui en donner des marques, autant
que la situation où il étoit le pourroit permettre. On l'avoit informé
des sentimens genereux qu'elle
conservoit pour lui; il sçavoit avec
quelle constante fermeté elle avoit
refusé la main du Roy d'Irlande,
& plus elle lui paroissoit vertueuse, plus il se trouvoit criminel.
Dans de certains momens les mouvemens qu'il sentoit le pressoient
si vivement, que consentant sans
peine à sacrifier sa réputation
ses remords, il faisoit dessein de
faire un aveu public de ses funestes égaremens. Dans d'autres instans il étoit prêt d'envoyer prier
son épouse de venir au plutôt

être témoin de l'amertume de son repentir ; mais il s'opposa à ce desir dans la crainte de troubler le repos de cette Princesse ; & malgré l'impatience qu'il sentoit, il voulut attendre le jour pour la prier de se rendre auprès de lui.

Ce Duc se trompoit, lorsqu'il s'imaginoit qu'Olimpe étoit livrée au sommeil ; la violence de ses chagrins ne lui permettoit pas d'en goûter les douceurs ; elle pensoit sans cesse au danger où étoit son époux, & ne pouvoit se pardonner que se fussent des gens qui combatoient pour ses interêts, qui eussent mis dans cet état pitoyable, un Prince qui luy étoit si cher. Tantôt il luy paroissoit trop accablé de maux pour oser esperer qu'il pût guérir, tantôt elle se flattoit sur ce que lui avoit dit le Prince Valderand : ainsi balancée violemment entre l'esperance & la crainte, la nuit luy parut d'une longueur insuportable.   Le

Le lendemain au matin on luy
vint dire que la connoissance étoit
revenuë au Duc, & qu'il demandoit à luy parler ; elle porta aussi-
tôt ses pas auprès de ce Prince,
qu'elle trouva entouré de Valderand, de Salvata, & de beaucoup
d'autres personnes. Dès qu'il la
vit, il luy dit d'une voix foible,
il faut être bien genereuse, Madame, pour être si prompte à remplir les souhaits d'un Prince que
vous avez tant de sujets de haïr.
Ensuite de ces paroles, il fit signe
que tout le monde se retirât, &
lorsqu'ils furent seuls il luy parla
ainsi.

Il semble, Madame, que le
Ciel n'ait permis que j'aye été pri-
vé quelques heures de ma raison
que pour m'en rendre un usage
plus parfait. Pendant l'égarement
de mes sens, cent images aussi
distinctes que diverses m'ont fait
connoître clairement toute la noir-

N

cœur de mes crimes, & tout l'éclat de vôtre vertu. Mon aveuglement eſt fini ; & depuis que mes yeux ſe ſont ouverts, je vois qu'il n'eſt point de punition que ne merite un homme auſſi coupable que moy … Ne parlons plus du paſſé, interrompit Olimpe, il ſuffit que vous me rendiez vôtre eſtime & vôtre tendreſſe ; n'allez pas vous livrer à des ſouvenirs qui ne feroient que troubler vôtre repos & retarder vôtre guériſon, ſongeons à vôtre ſanté & à vivre heureux. Ah ! Madame, répondit Birene, il ne faut plus penſer ni à guerir ni à vivre, je ſuis bleſſé à mort, & je ne veux employer les momens de vie qui me reſtent qu'à fléchir la colere du Ciel, & la vôtre. Je n'ay aucune colere, Seigneur, reprit Olimpe : mais d'où vient que vous avez la cruauté de m'annoncer vôtre mort, & le Prince vôtre frere m'a dit, que vos Chi-

rurgiens l'ont asſuré que vous guе-
ririez. Lorſqu'ils ont parlé de
cette maniere, repartit le Duc,
ils ont ſuivi mes ordres. Dés qu'ils
leverent le premier appareil de
mes playes, je leur commandé de
me dire ſans aucun adouciſſement
la verité de ce qu'ils en jugeoient ;
ils me dirent qu'elles étoient très
dangereuſes, & que cependant
il y avoit eſperance de les guerir,
mais qu'ils ne pouvoient pas répondre du ſuccés. Dans cette incertitude, je leur ordonné d'en
taire le danger, & d'en promettre une iſſuë favorable à tout le
monde, ſans exception; ainſi mon
frere n'a pas été mieux inſtruit que
les autres; moy même je n'ay ſçeu
que d'hier que les choſes s'étoient
tournées d'une maniere qu'il n'y
avoit plus deſpoir qu'on me pût
guérir. Je deffendis encore qu'on
publiât cette nouvelle ; & ma fiévre augmentant toujours, un inſ.

tant après je tombai dans un délire qui m'a été bien favorable ,
puis qu'en sortant de ses agitations , je me trouve avec une
droite raison , qui me dévoile des
objets qu'une passion odieuse m'a-
voit cachez sous ses funestes caprices. Oüi , Madame , je vois à
present toute la noirceur de mon
procedé envers vous , je sens que
quand le Ciel m'accorderoit encore un siecle de vie , & que j'en
employerois tous les momens à ré-
parer par mes larmes, par mes ten-
dresses, par mes respects, & par
mes services, les maux que je vous
ay faits, je serois encore bien éloigné d'en meriter le pardon. Je vous
diray cependant , & vous jugez
bien qu'en l'état où je suis, ce n'est
pas pour me justifier, que je n'ay
jamais eu dessein sur vôtre vie :
mais séduit , enyvré par une criminelle passion, comme vôtre présence étoit un obstacle qu'm'em-

peſchoit de la ſatisfaire , je ne ſon-
geois qu'à m'en débaraſſer. Ce fut
dans cette vuë que je vous laiſſai
dans l'Iſle deſerte , comptant que
vous y paſſeriez vos jours, cachée
à tous les mortels ; j'étois dans un
aveuglement ſi étrange , que je ne
trouvois pas même que ce fût vous
faire un grand outrage , comme
ſi j'avois eu le droit de vous arracher du rang ſouverain, pour vous
confiner dans une affreuſe ſolitu-
de. Depuis cet inſtant j'ay toûjours été d'erreur en erreur , &
de crime en crime. Enfin le Ciel
laſſé d'une vie ſi coupable… Ah!
Seigneur, s'écria Olimpe, les larmes aux yeux , ceſſez de vous
dire coupable , c'eſt moy ſeule
qui doit me donner ce nom, c'eſt
moy qui ſuis la ſeule cauſe de
tous nos malheurs ; ſi vous n'a-
viez point reconnu dans mon caractere & dans mes manieres mille défauts rebutans, vous m'auriez

toujours aimée ; la connoissance de ces défauts a fait que vous m'avez ôté vôtre cœur ; & quoique je n'aye .rien contribué d'ailleurs à m'attirer cette disgrace, c'est être assez coupable que d'avoir cessé de vous plaire. Mais, cher Prince, continua-t-elle, d'une voix entre-coupée de sanglots, puisque vous me rendez vôtre tendresse , & que nous goûterions un destin plus doux que jamais, pourquoy le Ciel permet-il que de fatales blessures viennent m'arracher à ce bonheur. Ah ! Seigneur , est-il donc bien vray qu'il n'y a plus d'esperance de vous voir vivre: Helas ! Madame, répondit le Duc de Zelande , pourquoy regretez-vous une vie qui ne peut plus que m'être odieuse. Je vous avoüe que si je ne vous avois jamais trahie, elle ne m'auroit pas été indifferente. Aimé de mes sujets , estimé dans l'Europe , & avec cela

epoux de la Princesse la plus accomplie de l'Univers, c'étoit de-
quoy me faire un sort aussi agreable que brillant. Mais par mes caprices criminels jay empoisonné
tant d'heureux avantages. A present que je vois les choses telles
qu'elles sont, je ne pourrois soûtenir
ces regards fixes que les Peuples at-
tachent sans cesse sur leurs Souverains. En vain vôtre genereuse
bonté qui me confond de nouveau, & qui fait sentir plus que
jamais le poids de mon ingratitude; en vain cette bonté, dis-je,
me pardonne mes perfidies, je
m'en souviendrois toûjours avec
horreur; mais quand même je
pourrois consentir à m'en faire
grace, je sçay que les Peuples ne
m'imiteroient pas. Dès qu'ils me
verroient paroître, ils diroient, voilà cet indigne Prince qui a fait
une si noire trahison à une épouse
la plus belle & la plus vertueuse du

monde, & dont il étoit le plus
cherement aimé. Non, Madame,
je ne pourrois ſoûtenir de pareils
diſcours, malgré le tendre amour
qui me r'attache à vóus par des
nœuds qui dureroient éternellement, je ne pourrois même qu'à
peine ſoûtenir vôtre préſence, mes
remords & vos bontez me livre-
roient ſans ceſſe à des ſupplices
nouveaux. Ainſi, puiſque j'ay eu
le bonheur de reconnoître mes
égaremens & celuy de vous en témoigner mes vives douleurs, il ne
me peut deformais arriver rien de
plus favorable que de mourir.
Pour vous, Princeſſe admirable,
vivez, vous avez des vertus &
des attraits qui vous attireront
toujours tous les cœurs, & qui
vous rendent digne du premier
Trône de l'Univers. Faſſe le Ciel
qu'un autre époux connoiſſe mieux
le prix de vos charmes, que ne
l'a connu le malheureux Birene.

Alors

alors l'abondance de ſes larmes
lui ôta entierement l'uſage de la
voix. Olimpe n'avoit pas plus de
liberté de la ſienne ; cependant
ſe faiſant effort pour parler, elle
lui dit : Que ne puis-je donner
ma vie, Seigneur, pour vous retirer du funeſte état où vous êtes?
mais peut être eſt-il plus facile de
vous en voir ſortir, qu'on ne nous
le fait eſperer : les hommes ſe
trompent ſouvent dans leurs ju-
gemens: du moins mettons tout en
uſage pour tâcher de parvenir à
un bonheur ſi ardemment ſou-
haité ; tentons les remedes les
plus extraordinaires ; & par le
zele & l'ardeur de nos prieres,
excitons la bonté du Ciel à les
benir ; même dans ce moment,
ajouta-t-elle, je crains que l'é-
motion de nôtre entretien ne vous
faſſe tort ; ſongeons à le finir,
Seigneur, & à vous laiſſer prendre du repos. Non, Madame,

répondit Birene, après avoir laissé quelque temps un libre cours à ses larmes, non, je sens bien que rien ne peut me rendre à la vie; & je ne puis mieux employer les momens qui m'en restent qu'en m'épanchant avec vous en regrets amers sur mes odieuses démarches. Cependant je vois bien qu'en effet il faut vous quitter, il faut songer à ne s'occuper que du Ciel : puisse-t-il avoir pour moy autant d'indulgence que vous ! Adieu donc, ma Princesse, ajouta-t-il, en lui tendant la main, adieu, ne poussez pas vôtre generosité jusqu'à vous affliger de ma mort; mais si vous êtes persuadée qu'une malheureuse fatalité, m'a plutôt entraîné vers le crime, que je n'y étois porté par mon naturel, daignez seulement conserver quelque souvenir d'une destinée si étrange.

Olimpe serroit tendrement la

main de son mourant époux, &
la moüilloit de ses pleurs, sans
pouvoir prononcer une seule parole. Enfin elle leva ses yeux of-
fusquez de larmes sur le visage de
ce Prince ; elle y vit une pâleur
mortelle, qui lui donna un nouveau saisissement. A peine y re-
connoissoit-elle ces traits qui l'a-
voient touchée si vivement dès la
premiere vûë, la jeunesse même
ne s'y faisoit presque plus remarquer, tout étoit obscurci en lui.
La douleur de ses blessures, &
l'amertume de ses réflexions s'é-
toient réünies pour le faire suc-
comber sous leur violent accablement. Un objet si triste rappella
la voix d'Olimpe. Elle crut que
le Duc avoit besoin de secours,
& eut la force de faire venir
promptement ses Officiers ; mais
depuis l'instant que cette Princesse
étoit venuë auprès de son époux,
elle avoit été agitée par tant de

douloureuses émotions , que des
mouvemens si rudes la mirent
dans un épuisement qui la fit enfin tomber évanouye, presque aussi-tôt qu'il y eût du monde autour
de ce Prince. Dans l'état où il
étoit, il fut facile de lui ôter la
connoissance de cet accident , on
emporta la Princesse , & on lui
dit qu'elle s'étoit retirée.

Les secours qu'on donna au
Duc de Zelande produisirent d'a-
bord des effets si favorables , qu'on
reprit quelques esperances pour
luy ; mais on se trompoit, la satisfaction qu'il avoit d'avoir marqué ses sentimens à son épouse,
& la joye qu'il sentoit de l'avoir
retrouvée si tendre , lui donnoient
seules cette sorte de tranquillité
apparente qui dura si peu. Les
cuisantes douleurs de ses playes ,
les troubles de son ame recommencerent bien-tôt à se faire sentir. Il donna cependant des soins

fort ze'ez à ce qui regardoit le Ciel, & le repos de ses Etats, & après avoir témoigné beaucoup d'amitié au Prince son frere, & revû encore une fois Olimpe, il expira, penetré du regret d'avoir si indignement trahi cette Prin-cesse, & laissa un fatal exemple des malheurs où sont entraînez les esprits changeants qui n'ont pas la force de s'opposer au tor-rent de leurs dangereux caprices, & fit voir encore le desespoir que coûte la perte de l'innocence, aux ames qui ne sont pas endurcies au crime.

Olimpe resta comme accablée de cette mort. Valderand en fut sensiblement affligé ; & le Roy d'Irlande & la Princesse de Frise, furent assez genereux pour en être touchez. Cependant quand on eut rendu les derniers devoirs à ce malheureux Prince, on ne songea plus qu'à achever la paix.

Quelque temps après qu'elle fût concluë, le nouveau Duc de Zelande époufa la Princeffe de Frife, le Comte de Salvata, la belle Hermaingarde; & enfin après que la Princeffe de Hollande eut donné à fa douleur & à fon duëil le temps qu'exigeoit la bienféance, elle ne pût refufer fa main à un Roy qui l'aimoit avec autant de generofité, & de delicateffe que faifoit le Roy d'Irlande. Elle fit le bonheur de ce Prince, & elle trouva autant d'égalité dans fon humeur, & de conftance dans fes fentimens, qu'elle en avoit trouvé peu en fon premier époux.

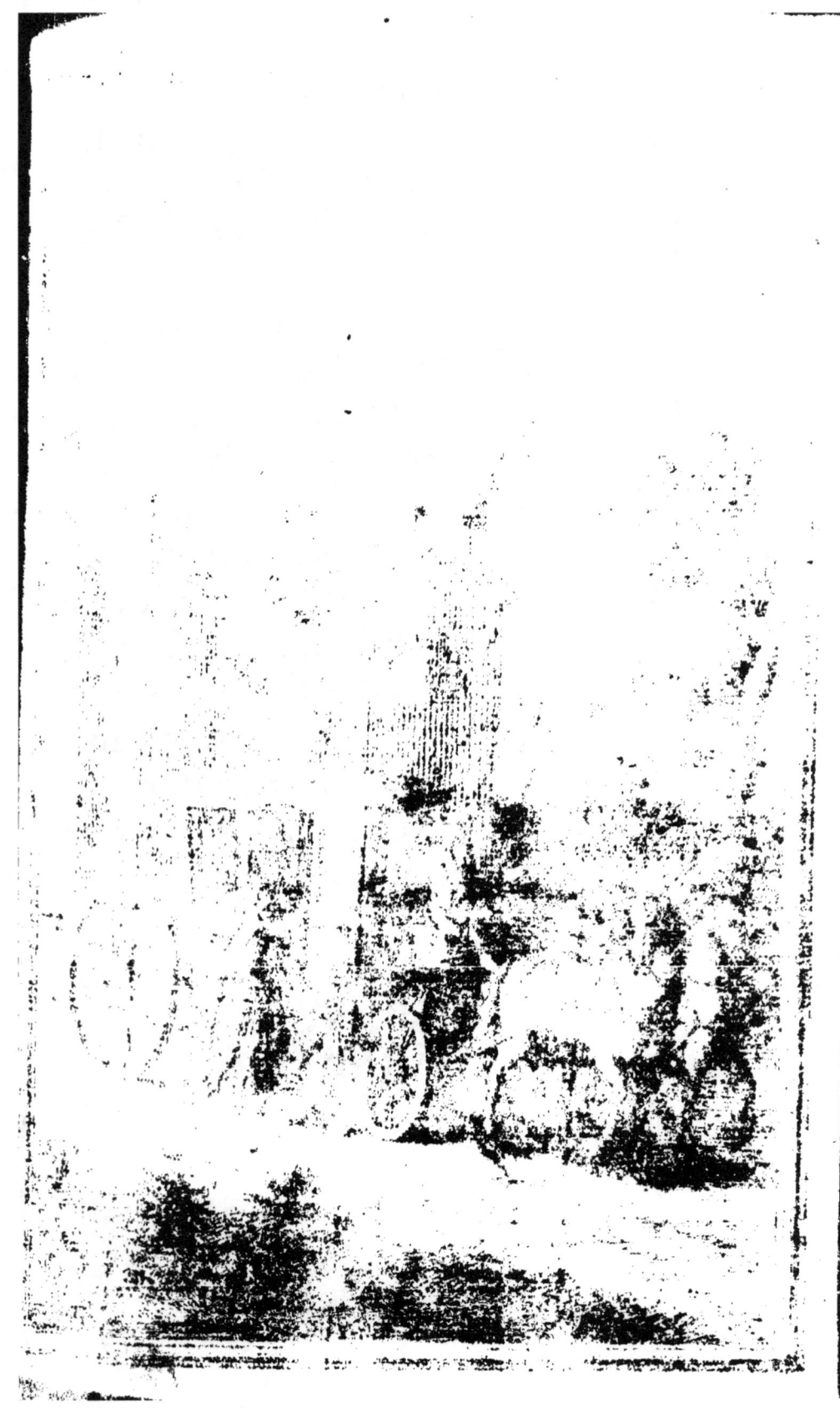

LE JUGEMENT TEMERAIRE,

HISTOIRE DU TEMS.

UNe Dame étant dans une Maiſon de Campagne aux environs de Paris, eut le chagrin de ſe voir ſans équipage, dans le tems qu'il y avoit pour elle une neceſſité abſoluë d'y retourner. Divers accidens avoient mis ſes chevaux ſur la litiére, & elle fut reduite à ſe ſervir d'un Carroſſe de loüage qu'elle fit venir. Elle part ; le Carroſſe s'embourbe à deux lieuës de-là ; on prend des chevaux de Meſſagers & de Charctes pour le tirer, on n'en peut venir à bout. Les efforts qu'on fait le brifent, & la Dame fe trouve à pied à l'entrée d'un village où elle n'a pas deffein de coucher. Elle prend le parti d'y laiffer une Demoifelle, & une femme de Chambre qu'elle ramenoit avec elle; & comme des affaires preffantes l'obligeoient d'être ce jour là même à Paris, n'ayant alors aucun de fes Laquais, qui étoient occupez par les fuites de l'embourbement, elle fe réfout à demander place dans le premier Carroffe qui paffera.

Elle n'attend pas long-tems. Elle en voit venir un qui s'arrefte heureufement dans l'endroit même où elle eft. Celuy à qui il étoit avoit quelque ordre à donner à un laquais : tandis qu'il lui parle, la Dame demande fon nom au Cocher. Il lui étoit connu par la réputation qu'il avoit acquife dans le monde. C'étoit un Confeiller qui paffoit pour un des plus hon-

nêtes hommes de France. Il n'a-
voit avec lui que son Fils , jeune
Colonel , très bien fait, & la Dame ne balance point à se jetter
dans le Carrosse avant qu'on l'ait
refermé.

Un procedé si extraordinaire la
fait regarder : Elle étoit belle ,
avoit un port noble & imposant , un air de qualité , beaucoup
de jeunesse , la physionomie heureuse , & il n'y avoit pas moyen
de se resoudre à lui faire un compliment incivil. On continuë à
marcher, & ce qu'il y a de plai-
sant, on est plus d'un quart d'heure à s'examiner & à soûrire , sans
que personne dise un seul mot. A
la fin le Maître du Carrosse rompt
le silence, & ayant demandé à la
Dame où elle prétend qu'on la
mene, elle répond qu'elle n'a point
d'autre dessein que celui d'aller à
Paris. Il s'informe du quartier où
elle souhaite qu'il la conduise , &

eile se défend de s'en expliquer sur
ce qu'un Carrosse de Place lui
en épargnera l'embarras. Autre
quart-d'heure de silence. Le jeune Colonel auroit bien voulu le
rompre, il trouvoit la Dame parfaitement belle ; & sans la présen-
se de son pere, il lui auroit dit
beaucoup de douceur, mais il n'o-
soit que la regarder.

Le Conseiller qui trouve en elle
de l'esprit, & de cet esprit aisé qui
ne s'acquiert que par l'usage du
grand monde, ne sçait que s'i-
maginer d'une femme qui monte
dans un Carrosse, sans rien dire,
& se confie à la probité de deux
hommes qui lui doivent être inconnus. Il lui fait quelques nouvelles
questions, & la prie enfin de ne
lui pas laisser ignorer à qui il parle. A une personne, répond-elle,
qui est veuve depuis prés de trois
ans. Quoy, dit-il, si jeune, si belle, & sans mari ! Il vous faudroit

du moins un galant. La Dame prend un air ſi ſerieux à ce mot, & meſle des termes ſi remplis d'aigreur à l'indignation qu'elle en fait paroître, que le Conſeiller la croit la femme du monde la plus vertueuſe. Elle ſe tait un moment; & puis changeant de ton, & baiſſant la voix, comme ſi elle ne s'é-toit d'abord gendarmée que pour avoir plus de grace en s'adouciſ-ſant. Et de galants, dit-elle, en manque-t-on ! Ces dernieres pa-roles font changer de penſée au Conſeiller, & agitent ſon fils par mille ſentimens qui ſe contredi-ſent au ſujet de la Belle. Pour le Magiſtrat, il ne peut plus croire qu'elle ſoit autre qu'une Demoi-ſelle d'intrigue, qui étant accoutu-mée à prendre, ſelon l'occaſion, toutes ſortes de caracteres, & a l'a-dreſſe de ſe parer quelquefois d'u-ne vertu étudiee pour arriver plus ſeurement à ſes fins. C'eſt ſur cette injuriei se idée qu'il continuë avec elle une conversation assez familliere, où le fils ne se mesle point, & qui même dans le fond du cœur fait souffrir ce jeune Officier.

Elle se tire de tout avec esprit, & embarrasse le Conseiller, tantôt par un ton fier qui l'empesche de lui dire tout ce qu'il croit au desavantage de sa vertu, & tantôt par des radoucissemens qui le confirment de plus en plus dans l'opinion qu'il a conçuë du penchant qu'elle doit avoir à nouër commerce.

Ils arrivent enfin à Paris. Le Colonel lui tient quelques discours pleins de politesse, pour tâcher de reparer ce que son pere peut lui avoir dit d'offensant; mais comme il le respecte beaucoup, il le laisse prononce, pour sçavoir comment il en faut agir avec l'inconnuë dans l'occasion presente.

Le Conſeiller veut apprendre ſon quartier pour l'y conduire, & le demande avec des termes malicieux, qui font connoître à la Dame ce qu'il croit d'elle. Le fils garde le ſilence, la Dame ſoûrit, & dit au Magiſtrat avec beaucoup de grace, que le croyant trop civil pour ne la remettre pas juſ- que dans ſon apartement, elle veut avoir du moins un jour pour ſe preparer à le recevoir, & voyant des Carroſſes de loüages, elle fait arreſter pour en choiſir un. Elle donne l'ordre tout bas au Cocher pour le lieu où elle veut qu'il la mene; & après avoir aſſuré le Con- ſeiller qu'il auroit de ſes nouvelles le lendemain, elle le laiſſe ſans au- cun autre éclairciſſement.

Le Conſeiller rit de l'avanture, en fait un conte chez-lui, & eſt ſurpris de recevoir un billet de la Belle dès le jour ſuivant. Le billet étoit tourné de la maniere la plus

galante. On le prioit de se laisser
conduire par le porteur, sans s'informer du lieu où il avoit ordre de
le mener, avec protestation que
s'il n'acceptoit pas le rendez-vous,
on iroit lui en faire reproche chez
lui. On fait entrer ce porteur.
C'étoit un laquais sans livrée, qu'il
ne fût pas possible de faire parler.
Le Conseiller à qui tout ce mys-
tere est suspect, & qui se persua-
de que la Dame l'a crû galant sur
l'entretien enjoüé qu'il avoit eu
avec elle, lui écrit que n'étant ni
d'un âge ni d'une profession com-
patibles avec les rendez-vous, il
ne pouvoit s'accommoder du party ; mais que si sa vie avanturiere
lui faisoit naître quelque Procés
sur lequel elle eût envie de le venir consulter, il lui donneroit des
conseils en homme qui lui étoit
obligé du plaisir qu'elle lui avoit
fait de prendre une place dans son
Carrosse sans la demander.

Il crut l'avanture finie par cette réponse, & il en rioit le lendemain avec des amies de sa femme qui étoient venuës lui rendre visite, quand il fût averti que la Dame au billet demandoit à lui parler, les éclats de rire furent grands; on lui applaudit sur l'avantage qu'il avoit de se voir couru des Belles, & les Dames souhaitant être témoins de cette entrevûë, on donna l'ordre pour leur en faire avoir le plaisir. La Belle entra dans une parure aussi-bien entenduë que magnifique, on juge bien que les spectateurs n'avoient pas assez d'yeux pour la regarder. Un Laquais de livrée lui portoit la robe; & à peine eût-elle dit au Conseiller d'une maniere toute aimable, que puisqu'il n'avoit point voulu recevoir ses remerciemens chez-elle, il étoit juste qu'elle vint les faire chez-lui; qu'une Dame de la compagnie s'avança vers elle, en riant, & l'embrassa fort étroitement. Cette belle personne là pria de la presenter à la Maîtresse de la maison, à qui elle fit compliment de la meilleure grace du monde. Le Colonel étoit auprés de sa mere, il fut enchanté de nouveau des attraits & du brillant éclat de la belle voyageuse, qui l'avoit tant frappé dès le premier coup d'œil. Elle confia à cette mere l'affaire importante qui l'avoit obligée absolument à se rendre à Paris, par quelque voye que ce fût, le jour qu'elle y vint.

Le Conseiller cependant ne sçavoit où il en étoit, non plus que les autres femmes, qui sur la peinture qui leur en avoit faite, avoient attendu toute autre chose que ce qu'elles voyoient. La Dame qui lui avoit fait faire une si fausse conjecture, étoit en effet la veuve d'un Conseiller de sa même Chambre, qui demeuroit avec sa mere,

veuve

veuve auſſi d'un Conſeiller, femme d'un grand exemple. La vertu
de cette digne fille d'une telle mere
ne l'a rendoit pas moins eſtimable
que ſa beauté ; & ſi elle entendoit
raillerie avec ſes amies, il étoit dangereux de ſe vouloir établir auprès d'elle ſur le pied de conteur
de fleurettes. Elle écartoit avec
ſoin cette foule d'adorateurs à fracas, qui ſuit ordinairement les jeunes & belles perſonnes qui ſont un
peu coquettes, & n'ecoutoit que
des amans fortables, qui parloient
ſerieuſement pour cet engagement
éternel, où l'on ſe lie par un Contrat.

Quoique ſa beauté & ſon bien,
qui étoit conſiderable, lui en euſ-
ſent attiré beaucoup de ce caractere, aucun n'avoit touché ſon
cœur, qui n'étoit pas facile à s'at-
tendrir ; car elle n'avoit jamais
ſenti l'amour ; & quoi qu'elle eût
vécû dans une parfaite union avec

P

fon Mari, elle l'avoit époufé fans inclination, & n'avoit été toujours attachée à lui que par des fentimens d'eftime. Le moment vint enfin où quelqu'un fçut lui en infpirer de plus vifs.

Le fils du Confeiller lui demanda permiffion de lui rendre vifite, il l'obtint ; elle l'avoit charmé, il l'en inftruifit avec refpect, l'en perfuada avec efprit, & étoit fi propre à plaire, qu'il plut en effet. Comme ils fe convenoient tous deux pour le bien & pour la naiffance, leurs parens approuverent fort le panchant qu'ils avoient l'un pour l'autre, & leur mariage fe fit avec la joye de leur famille, & l'applaudiffement de tout le monde.

LA BIZARERIE

DU PENCHANT,

HISTOIRE DU TEMS.

DAns une des plus confiderables Province de France, une Fille née parmi le dernier Peuple, étant partagée d'une beauté affez touchante, eut cependant le déplaifir de voir que cette beauté lui fût inutile dans fa premiere jeuneffe. Aucun homme d'une condition au-deffus de la fienne ne s'avifa d'y faire attention pour l'époufer, & au très-grand regret de cette perfonne, fes parens qui la voyoient prefque hors du bel âge, la marierent à un homme de

P ij

sa sorte, qui étoit un Artisan d'un métier des plus vulgaires. Elle suporta sa destinée avec beaucoup d'impatience ; la bonne opinion qu'elle avoit de ses charmes l'avoit persuadée qu'elle étoit digne d'une grande fortune, & elle étoit au desespoir de ce que le rustique amour d'un vil Artisan, & la précipitation de ses parens l'avoient empêchée d'attendre jusqu'aux derniers de ses beaux jours, ce que le sort voudroit faire pour elle.

On peut s'imaginer aisément que pleine de ses capricieuses idées, elle avoit beaucoup de mépris, & d'aversion pour son mary. Elle lui en donnoit sans cesse des marques outrageantes, excepté qu'il n'avoit pas à se plaindre d'elle du costé de sa conduite ; il avoit toutes sortes de sujets d'en être mécontent. Comme il la croyoit d'une beauté divine, & qu'à sa

maniere il en étoit fort amoureux,
il suporta patiemment pendant assez de tems ses hauteurs & ses emportemens ; il se flatoit même que
par sa douceur & par ses soins, il
pourroit la gagner : mais après
quelques années, la voyant remplie pour lui de plus d'aigreur &
de haine que jamais, il lui prit un
tel desespoir, qu'il abandonna sa
maison & son païs, sans que personne pût découvrir ce qu'il étoit
devenu.

Sa femme se consola aisement
de son départ, quoi qu'elle y perdit beaucoup à un égard ; car par
son assidu travail, ce laborieux
Artisan lui faisoit mener une vie
cent fois plus douce & plus commode que sa condition ne le sembloit permettre, pendant qu'il se
plaignoit les choses les plus nécessaires. Par l'absence de son mary, cette ingrate femme tomba
bien-tôt dans une dure nécessité,

& loin d'avoir aucune reſſource
pour s'en tirer, malgré la baſſeſſe
de ſa condition , l'enteſtement
qu'elle avoit de ſa beauté , lui faiſoit prendre de ſa perſonne des
ſoins bizares, qu'on ne peut même paſſer qu'à peine aux Belles
d'un rang diſtingué , & qui par la
dépenſe qu'ils cauſent , avance-
rent beaucoup la miſere de cette
audacieuſe imitatrice des femmes
de la Cour.

Cependant le beſoin extrême
où elle ſe trouva ne lui fit rien faire contre ce qu'elle devoit à ſon
honneur, quoiqu'elle fut ſouvent
en bute aux mauvais deſſeins de
gens qui lui faiſoient des offres
fort dangereuſes pour une femme miſerable, & qui s'aime. Mais
dans ſon amour propre elle ne
laiſſoit pas d'avoir de la vertu, &
ſon orgueil même ſervoit à la lui
faire conſerver. Elle s'irritoit contre ceux qui bornoient tout le

pouvoir de ſes charmes, à la ſeule
vûë d'en faire une Maîtreſſe à gages, & elle ſe croyoit aſſez de
mérite pour être capable d'engager un homme de la premiere qualité du Royaume à la ſouhaiter
pour ſon épouſe.

Avec de pareilles penſées, tous
les momens elle deſiroit avec ardeur de recevoir un bon certificat de la mort de ſon mari ; mais
quelque ſoin que ſe donnaſſent
ſes parens, & ceux de ce malheureux pour avoir de ſes nouvelles, il leur fût impoſſible de
découvrir s'il étoit mort ou vivant. Cependant ſon indigence
augmentoit tous les jours, & elle
n'étoit pas d'humeur à s'en tirer
par un travail qui ſeroit convenu
à une femme de ſa ſorte. La pareſ-
ſe étoit encore un de ſes grands
penchans ; mais ce qui lui étoit le
plus ſenſible, c'eſt qu'à meſure
que ſa miſere augmentoit, ſa

beauté diminuoit. Enfin le tems s'écouloit, & elle voyoit sa florissante jeunesse l'abandonner, sans qu'il vînt aucun Prince lui offrir sa foy. Elle étoit prête à tomber dans le dernier desespoir, lors qu'elle fut connuë d'une Dame pieuse &, liberale qui craignant qu'elle ne fit un mauvais usage de ce qui lui restoit d'agremens, lui fournit genereusement dequoi s'affranchir de la necessité. Son tein & son embonpoint lui revinrent, mais elle ne pût rapeller sa jeunesse qui fuyoit sans cesse en dépit de tous ses soins. Malgré la perte d'un vernis qui semble si necessaire aux attraits, nôtre présomptueuse femme d'Artisan, vit les siens la servir mieux qu'ils n'avoient fait dans son bel âge.

Un homme d'un genie fort borné, mais d'une naissance distinguée, & revestu d'une Charge qui donne un grand lustre dans le le monde, devint paſſionnément amoureux de cette belle du bas ordre ; & comme il apprit que ſa conduite avoit toûjours été fort ſage, malgré la preſſante miſere où elle l'avoit réduite, il conçut tant d'eſtime pour elle, qu'il lui propoſa en très peu de tems de l'é-pouſer. Elle reçut cette propoſi-tion avec de vifs tranſports de joye ; mais cependant le chagrin de n'avoir point de certitude de la mort de ſon mary l'empeſchoit de s'y livrer entierement. Elle fit part de ſon inquietude à ſon amant qui la calma beaucoup, en lui di-ſant, qu'il ne falloit point douter que ce miſerable ne fût mort, puiſque depuis plus de trois an-nées il n'avoit point donné de ſes nouvelles. Elle lui repréſenta que malgré une apparence ſi bien fon-dée, on ne voudroit pas les marier qu'il n'y eût ſept ans écoulez de-puis l'abſence de ſon mary , où

Q

qu'on ne vît un certificat de sa mort.

Cet Amant promit à sa belle qu'il trouveroit des moyens pour faire lever tous ces obstacles, & il l'assura qu'en fort peu de tems ils seroient en liberté de se donner la foy. En effet, quelques jours après, il lui apporta un certificat en bonne forme de la mort de son mari. Sans se mettre en peine des voyes par lesquelles il avoit eu un Acte, qui lui paroissoit si nécessaire à leur bonheur ; elle fut ravie de le lui voir entre les mains ; & sur la foy de ce certificat, on fit sans nulle difficulté la celebration d'un mariage qu'ils souhaitoient tous deux avec un égal empressement.

Avant la fin de l'année l'épouse mit une fille au monde, & cette enfant fut l'unique fruit de ce mariage. Outre, qu'ainsi que je l'ay marqué, la Dame étoit déja dans

un âge aflez avancé ; elle prit un
embonpoint fi épais qu'on l'affura
que cette raifon auroit été feule
capable de l'empefcher de devenir mere davantage. La joye,
l'embonpoint, la magnifique parure, la mirent dans un état fi
brillant, qu'elle fut plus belle au
deffus de quarante ans, qu'elle ne
l'avoit été à quinze.

Son époux qui n'avoit pas plus
de fineffe dans l'efprit, que fa femme dans la taille, étoit touché
plus que jamais de l'éclat de fes
charmes. Cependant quelque peu
fpirituel qu'il fût, il ne laiffoit pas
d'être fouvent bien mortifié des
railleries piquantes qu'on ne fe laf-
foit point de lui faire, fur la bizarerie du choix qu'une folle prévention pour la beauté lui avoit
fait faire. Le mépris qu'on lui témoignoit par tout pour fon époufe
lui faifoit acheter un peu cher
le plaifir qu'il prenoit à confiderer

fa figure. Il eſt vray que tout ſon mérite conſiſtoit à ce qu'elle avoit d'agrémens perſonnels. Elle n'avoit l'ame ni belle, ni bonne ; ſon humeur étoit auſſi aigre que chagrine, & avec cela ſon langage, les manieres, & le tour de ſon eſprit, faiſoient ſouvenir ſans ceſſe de la condition où elle étoit née.

Lorſque ſa fille eut atteint quatorze-ans, on s'aperçut qu'elle avoit plus de beauté que n'en avoit eu ſa mere, & ſans comparaiſon plus d'eſprit que ſon pere. Il parut même qu'elle n'avoit herité aucun des défauts ni de l'un ni de l'autre. On lui trouvoit l'eſprit brillant, l'humeur agréable, & l'ame genereuſe. Il eſt vray qu'elle l'avoit fort paſſionnée, & qu'on remarqua de bonne heure qu'elle étoit très vive dans ſes deſirs, & très ardente dans ſes penchans ; mais ce qui conſoloit de les trouver ſi agiſſans en elle, c'eſt

qu'on ne lui en voyoit point qui
ne fuffent tournez du cofté de
la vertu ; & comme avec fes autres bonnes qualitez elle étoit
fort polie & fort gracieufe, quand
elle fut dans un âge formé, elle
eut autant de part dans l'eftime
publique , que fa mere en avoit
eu peu.

Son merite, & encore plus fa
qualité d'heritiere confiderable ,
lui attirerent une foule de prétendans. Parmi leur nombre il y avoit
le Comte De * * *, fils du Marquis De * * qui l'avoit aimée dès
l'enfance ; il étoit fon parent affez
proche ; fa mere, qu'il avoit perdu , étoit coufine germaine du
pere de la belle ; & comme ce pere
n'avoit ni freres ni fœurs, il regardoit le jeune Comte, ainfi qu'il
auroit regardé fon propre neveu ,
& en effet il auroit été fon heritier, fi fa fille n'avoit pas été au
monde. Il deftinoit à cette ai-

mable perfonne ce Comte pour
époux ; il le cherifoit , & de plus
le Marquis De * * * avoit fcû le
gagner en faveur de fon fils ; mais
par malheur pour cet amoureux
coufin , le choix du pere n'étoit
pas celui de la fille , ainfi que celui dont elle tenoit la naiffance.
Elle étoit beaucoup frappée des
agrémens perfonnels, & le jeune
Comte n'en avoit aucun ; il avoit
de la droiture , de l'efprit , de la
politeffe ; il avoit l'humeur douce,
& la converfation aifée ; mais il
n'y faifoit jamais entrer d'enjoüement ; & dans tout fon caractere
il y avoit beaucoup plus de folide
que de brillant.

La Belle voyoit bien qu'il l'aimoit tendrement , & qu'il n'étoit
pas indigne d'eftime ; mais elle ne
pouvoit lui pardonner , de n'être
ni beau , ni bien fait. Quoique
naturellement, elle ne fentit pour
lui que de l'indifference , la con-

trainte qu'elle craignoit que son
pere ne lui voulût faire en sa faveur, lui inspira de l'aversion ;
elle regarda ce malheureux amant
comme le sujet odieux qui le portoit à tirannifer ses defirs, & elle
réfolut fecretement de faire enforte qu'il ne profitât jamais des dif-
pofitions favorables que son pere
avoit pour lui. Ce n'eft pas qu'elle
fût fenfible pour aucun des prétendans qui lui faifoient la cour,
fon cœur étoit encore exempt de
tendreffe ; mais elle s'imaginoit
que pour être heureufe dans un
engagement éternel, il faudroit
qu'elle en fût prevenuë pour l'é-
poux qu'on lui donneroit.

Pleine de ces penfées, elle obtint de fon pere, qui la cheriffoit
beaucoup, de grands délais pour
fon mariage ; il les lui accorda
d'autant plus aifement, qu'il ne la
voyoit préoccupée d'aucune paffion, & qu'il fe perfuadoit qu'avec

le tems & ses soins empressez, le
Comte trouveroit enfin le secret
de toucher son cœur. La mere de
la Belle appuyoit de tout le credit
qu'elle avoit auprès de son mary
le retardement de ce mariage ; il
ne lui plaisoit pas plus qu'à sa fille ; car si cette jeune personne vouloit un époux d'une jolie figure,
la Dame vouloit un gendre dont
l'air noble & grand fit plaisir aux
yeux ; mais outre cette raison,
elle en avoit encore d'autres qu'elle ne disoit pas. Elle sçavoit que le
pere du Comte avoit fait diverses
plaisanteries d'elle peu de tems
après qu'elle fût mariée, au sujet
de la grossiereté de ses manieres,
& de son langage. Cela lui avoit
donné pour ce Marquis une haine
terrible, qu'elle avoit fait passer
jusqu'à son fils, quoiqu'il fût fort
innocent de ces railleries, puisqu'il n'étoit qu'un enfant quand
elles avoit été faites ; & que le Mar-

quis même eût gardé depuis un filence exact fur le ridicule qu'on
remarquoit en elle, & eût cherché à effacer par un procedé plein
d'honnefteté & de politeffe, ce
qu'il avoit pû dire autrefois de dé-
fobligeant à fon égard.

Pendant qu'on reculoit ainfi
par diverfes vuës le mariage de la
Belle, fa vingtiéme année arriva,
& elle y fut à peine entrée que fon
pere fut attaqué d'une maladie
mortelle. Avant que d'expirer il
déclara à fa femme, que le certificat qu'il avoit fait voir de la mort
de fon premier époux, étoit une
piéce fauffe & fuppofée ; il ajoutoit qu'il ne reffentoit qu'un médiocre fcrupule de cette fauffeté,
parce qu'éfectivement il étoit perfuadé que cet homme étoit mort.
La Dame s'étoit toujours bien
douté de la fauffeté de cet Acte ;
mais elle avoit trouvé qu'elle avoit
trop d'avantage à être trompée en

cette occasion, pour s'aller donner la peine de démesler la vérité,
au contraire, s'il en eût été besoin, elle auroit été plutôt de moitié touchant la fausseté du certificat, que de chercher à la faire
connoître.

Enfin cette époux faussaire par
un égarement d'amour, mourut
en recommendant à sa femme &
à sa fille, de lui donner pour gendre celui qu'il s'étoit destiné, qui
par la douceur de son esprit & de
ses mœurs, étoit tout propre à faire
le bonheur d'une épous_. On observa mal les volontez de ce mourant. Il ne fut pas plutôt dans le
tombeau, qu'on reçut les soins
du Comte avec une froideur de-
sesperante. Il avoit toujours mis
en usage tout ce qui fait ordinairement parvenir à être aimé ; &
d'un autre costé, si on ne lui avoit
jamais donné de marques de tendresse, les égards qu'on avoit eu

pour le pere , avoient été caufe
qu'on ne lui avoit jamais ofé donner des marques d'averfion. Il
n'avoit donc garde de s'imaginer
qu'il étoit haï au point qu'il l'é-
toit : au contraire , comme les
Amans fe flatent toujours , il ef-
peroit que par fa perfeverance il
engageroit la Belle à le rendre
heureux.

D'abord il n'imputa fes extrêmes froideurs qu'au chagrin qu'elle avoit de la mort de fon pere ;
le refte du monde en juga diffe-
rament ; & cela fit revenir fur les
rangs quantité de prétendans qui
avoient été écartez par la vifible
préference que le pere donnoit à
fon parent. Avec fes anciens rivaux , cet Amant maltraité en
eut encore un nouveau qui lui fût
plus fatal que tous les autres. C'é-
toit un jeune Cavalier qu'on nommoit le Chevalier De * * *. Il n'a-
voit point été vû depuis fon en-

fance dans la Ville où la Belle faisoit son sejour. Il avoit la taille parfaitement belle, la visage très agréable, l'air noble & imposant; enfin il n'avoit rien dans toute sa personne qui ne parut fait pour plaire; mais un exterieur si gracieux étoit le seul merite dont il fut partagé. Il avoit l'esprit inquiet, l'ame interessée, le cœur libertin, & le caractere aussi étourdy que plein de présomption. Cependant il cachoit des défauts si considerables sous des dehors polis, & des manieres galantes; & quoique dans sa conversation il entra un certain enjouëment qui étoit plus évaporé que fin, comme le gros du monde ne juge pas toujours du sel, & de la délicatesse de l'esprit, avec tout le discernement possible, il ne laissoit pas d'être beaucoup applaudi dans les compagnies.

Il ne rendit pas long-tems des

foins à la Belle, fans s'appercevoir
de l'heureux effet qu'ils produi-
foient fur fon cœur ; & enfin en
affez peu de tems, elle lui avoüa
qu'il avoit vaincu toute fon indifference. Il ne fut pas furpris de fa
victoire, il la croyoit duë à fon
mérite ; mais il en eut cependant
beaucoup de joye : car fon bien,
dont il étoit maître, étoit extre-
mement inferieur à celui de la
Belle, & n'alloit pas au tiers de
celui du Comte, dont elle mé-
prifoit l'amour. Elle donna enfin
un rude congé à cet Amant paf-
fionné, qui en penfa mourir de
douleur, & elle fe preparoit à figner bien-tôt un contract avec
le Chevalier, lorfqu'un incident
étrange vint lui donner des affaires qui troublerent bien le plaifir
qu'elle prenoit aux douceurs de
l'Amant, dont elle alloit fe faire
un époux.

Un jour que fa mere revenoit

de l'Eglise, on vint lui dire qu'un vieillard couvert de haillons, demandoit à lui parler pour une affaire, disoit-il, qui étoit de consequence pour elle. Après quelques façons pour permettre qu'on le laissa entrer ; car elle croyoit follement que cela sentoit sa femme de qualité d'être d'un abord difficile ; après quelques façons, dis-je, elle l'admit à son Audience. Quand il fut en sa présence, il ne voulut rien dire qu'il ne fût seul avec elle dans son cabinet, & alors il lui annonça qu'il étoit Jacques G * * * son mary, qui revenoit de Constantinople, où il avoit été vingt cinq-ans esclave des Turcs. Il ajouta qu'il y avoit trois jours qu'il l'avoit reconnuë à l'Eglise, qu'il avoit appris quel avoit été son heureux mariage pendant son absence ; mais qu'enfin puisque Dieu lui avoit ôté son second mary, elle étoit obligée

de reprendre le premier , dont
elle avoit caufé tous les malheurs
par fa haîne. La harangue du bon
Jacques G * * *, car c'étoit effectivement lui , fut fort mal reçuë
de fa femme. Le commencement
du difcours de ce vieillard l'avoit
d'abord fi furprife, qu'elle n'avoit
pas eu la force de lui répondre ;
mais enfin revenant à elle, & con-
fiderant attentivement le vifage de
cet homme , malgré les ravages de
la captivité & des ans, elle reconnut ces traits vulgaires qui avoient
toujours été l'objet de fon averfion. Alors cette haine dont le
malheureux Jacques venoit de
parler, fe ralluma pour lui dans
toute fa fureur ; elle fit réfléxion
avec tranfport que ce miferable
étoit deftiné pour être le fleau
éternel de fa vie. Pleine de l'horreur que lui donnoit cette penfée, quoiqu'elle reconnût Jacques
parfaitement , elle le traitta mille

fois de fourbe & d'insolent, & jura
que s'il ne sortoit au plutôt de sa
présence, elle le feroit arrêter par
la Justice, qui le puniroit rigoureusement de son imposture, qu'il
feroit facile de faire voir, puisqu'elles avoit en main des piéces
qui étoient des preuves si autenti-
ques de la mort de son mari.

Elle avoit fait tant de bruit par
ses clameurs, qu'elle avoit promptement attiré autour d'elle sa fille
& ses domestiques, qui lui entendirent faire toutes les menaces
qu'on vient de rapporter. Sa fille
qui croyoit de bonne foy qu'elle
avoit eu un certificat bien vérita-
ble de la mort de son premier
mari, remontroit au bon homme
Jacques, qu'il ne falloit pas venir
ainsi débiter des impostures aisées
à détruire, & lui dit avec moderation de s'ôter de la présence de
sa mere. Le pauvre Vieillard le
fit, ne pouvant cependant s'empescher

pêcher de murmurer contre le mauvais naturel de sa femme, que les années & les graces de Dieu ne faisoient point, disoit-il, rentrer en elle même, après avoir été la cause de tous les maux qu'il avoit soufferts.

Les discours douloureux de Jacques G *** furent bien-tôt raportez au pere de l'Amant congedié, qui prit le dessein de s'éclaircir s'ils avoient quelque fondement. Il fit venir ce bon homme, le caressa, & l'interrogea avec adresse sur tout ce qui regardoit sa destinée & sa femme. Jacques lui répondit avec tant de rondeur & de naïveté, que le Marquis D.... vit bien que ce pauvre Artisan n'imposoit point, & il résolut de le prendre sous sa protection. Outre l'envie de soûtenir le malheureux opprimé, il entroit dans les projets du Marquis des sentimens d'interêt & de ven-

R

geance ; il étoit fort irrité du refus qu'on avoit fait de fon fils , &
voyoit que fi l'on prouvoit que
Jacques G * * * étoit vivant, le
mariage de fa femme avec fon fe-
cond mari feroit déclaré nul &
par confequent la Belle deve-
noit un enfant illegitime, dont le
Comte heritoit tous les grands
biens.

Ce comte qui étoit toujours
rempli d'amour pour la Belle, par
une generofité bien rare dans le
cœur d'un Amant outragé , fit
tous fes efforts pour détourner fon
pere du deffein où il le voyoit ;
mais fes foins furent inutiles. Le
Marquis le traitta d'homme fans
cœur , & dit qu'on feroit bien indigne des préfens de la fortune,
fi on ne profitoit pas de fes faveurs , lors qu'en protegeant la
Juftice, elle offroit de fi belles occafions de s'enrichir & de fe venger. Animé par de fi puiffautes rai-

fons, il commença au plutôt à
proceder au nom de Jacques contre la mere de la Belle, pour l'o-
bliger à le reconnoître pour fon
mari, & à le recevoir comme tel
dans fa maifon. Quand cette femme vit le pauvre Artifan appuyé
par une fi forte protection, elle
trembla fur le fuccès qu'auroit
fon affaire contre lui ; elle fe re-
pentit bien alors du violent emportement qu'elle lui avoit fait paroître, & eut un terrible regret de
n'avoir pas acheté par fes bienfaits
le filence de ce bon homme ; mais
il n'étoit plus tant de reculer, le
Procès étoit intenté, & le Marquis n'étoit pas d'humeur à l'abandonner. Elle prit donc le parti de
continuer à crier vengeance contre
l'impofture de Jacques, & reprit
courage. Elle mit tous fes amis,
ceux de fa fille, & ceux du Chevalier en mouvement pour folli-
citer, & tâcha de fe flater qu'avec

leur credit, elle contrebalanceroit
du moins celui du Marquis, & feroit fuccomber Jacques.

On pourfuivit le Procés avec
une chaleur infinie ; chacune des
Parties choifit des Avocats les
plus fameux ; & cette Caufe qui
attiroit l'attention de tout le public, occupa le Bareau huit Au-
diences. Le Chevalier pendant ce
tems faifoit toûjours fort l'em-
preffé pour la Belle, & follicitoit
en fa faveur de tout fon pouvoir.
Cette aimable fille lui difoit fans
ceffe en mille manieres differentes, que les allarmes qu'elle fentoit pour la perte de fon rang &
de fon bien, lui étoient plus fenfibles par rapport à l'amour qu'elle avoit pour lui, que par rapport
à elle même. Elle difoit vray, quoique néanmoins il fût vray auffi, que
par fon propre interêt, elle étoit
très touchée d'être ainfi en fpectacle au public, dans lequel cette

affaire rappelloit des souvenirs
qui assurément n'étoient pas ho-
norables à sa mere.

Le Parlement où cette Cause
se plaidoit avoit extrêmement envie que la Belle eût bon droit.
Tout le monde étoit touché de sa
beauté & de sa vertu ; avec cela
elle avoit de puissantes protections.
Cependant l'Avocat de Jacques,
qui étoit aussi habile qu'honnête
homme, mit si bien le bon droit
de sa Partie dans toute son évi-
dence, & fit entendre tant de témoins irréprochables, qui recon-
nurent ce pauvre Artisan, qu'enfin en faveur de la Justice, le Parlement fût obligé de déclarer par
un Arrêt autentique, que le bon
Vieillard étoit véritablement Jacques G *** mari de Jeanne T ***.
Le même Arrêt dénonça le prétendu certificat de la mort de
Jacques, controuvé & faux ; déclara nul le second mariage de

ladite Jeanne T. * * *, & illegitime la fille qu'elle avoit eû de ce
mariage frauduleux. Pour toute
confolation on adjugeoit à cette
fille infortunée fur les biens de feu
fon pere, une fomme très mediocre
qu'on nommoit fa légitime ; &
l'on ordonnoit à Jeanne T. * * *
de retourner inceffament avec Jacques G. * * * fon mari. Cet Arrêt frappa la Belle , qui étoit à
l'Audience , comme d'un coup de
foudre. Elle s'en retourna chez
elle à demi morte ; le Chevalier
l'y accompagna , prefque auffi affligé qu'elle ; comme il étoit fort
intereffé , il étoit au defefpoir de
fe voir enlever les grands biens
dont la tendreffe de la Belle l'alloit mettre en poffeffion.

Cependant le Comte, dont le
cœur étoit entierement livré à
l'amour, reffentoit une douleur
mortelle de l'affliction qu'il jugeoit qu'avec fa maîtreffe. Plein

de sa passion, il alla se jetter aux
pieds de son pere, pour lui demander la grace d'aller offrir sa
foy à cette Belle malheureuse,
qu'un Arrêt venoit de ruiner,
pour la remettre par là en possession de son bien, dont il venoit
d'être revêtu. Le Marquis qui
avoit de l'humanité, & qui dans
le fond de son cœur plaignoit le
fort de la Belle, permit à son fils
de s'offrir à elle pour époux ; il
estimoit cette jeune personne, &
le poids de sa colere n'étoit jamais
tombé que sur sa mere, qu'il avoit
toujours regardée comme indigne
de la fortune où elle avoit été éle-
vée.

Le Comte ravi du consentement que lui donnoit son pere,
courut chez la Belle avec transf-
port. Tous les gens de cette fille
affligée étoient si consternez aussi,
qu'ils laisserent entrer son cousin
dans son appartement, sans l'aver-

tir de sa visite. Elle le vit avec surprise, & le reçut avec froideur; il commença par lui marquer la douleur qu'il sentoit de la sienne, & l'assura qu'il avoit été bien éloigné d'avoir eu aucune part aux poursuites qu'on avoit fait contre elle, & lui protesta que toujours plein d'amour pour elle, dans la vûë de reparer le rude coup qu'elle avoit reçu de la fortune, il venoit lui offrir son cœur & sa foy, qui la remettroit en possession de tous les biens qu'elle avoit perdus, & encore de ceux dont il étoit maître. La Belle, qui se flatoit que malgré la triste situation où elle se trouvoit, l'amour du Chevalier étoit toujours le même, comptoit avec une entiere persuasion, qu'aussi-tôt que leur affliction seroit un peu calmée, il acheveroit le mariage arrêté.

Pleine de cette confiance, & aveuglée de tendresse pour le Chevalier,

valier , fi un Prince poſſeſſeur d'une Couronne lui étoit venu offrir ſa main , elle ne l'auroit pas acceptée ; elle n'eut donc garde de ne pas refuſer celle du Comte. Elle lui dit fiérement , que les ou- trages de la fortune n'avoient pas changé ſes ſentimens , qu'elle ne l'avoit jamais aimé , & qu'elle ne l'aimoit point encore ; qu'il étoit vray qu'il lui avoit toujours paru digne d'eſtime , & que l'action de generoſité qu'il faiſoit la confir- moit dans cette idée : mais que l'eſtime ne ſuffiſoit pas pour for- mer le nœud d'un engagement éternel , puiſque bien ſouvent elle ſubſiſtoit avec l'averſion. Le Com- te dit mille choſes tendres & tou- chantes , il voulut faire entendre des raiſons ; mais à tout cela on ne lui répondit que des duretez , avec proteſtation de reſter tou- jours infléxible à ſon égard ; & ce malheureux Amant quitta la

S

Belle , livré à un defefpoir plein
d'horreur.

La mere de cette rigoureufe
coufine avoit toujours été frapée
de la fortune, & de l'éclat des richeffes, ainfi elle n'aprouva pas ce
que fa fille avoit fait. Tant qu'elle lui avoit vû de grands biens ,
elle étoit ravie qu'elle prit un
époux d'une iolie figure, préferablement à tous autres; mais depuis
qu'elle voyoit cette jeune perfonne dépoüillée de richeffes, elle fouhaitoit qu'elle préferât l'opulence
à la bonne mine. Elle vouloit donc
qu'elle rappellât le Comte, & fe
réfolut de l'époufer , lui reprefentant qu'elle ne feroit point heureufe avec le Chevalier , qui aimoit beaucoup la dépenfe, & n'a-
voit qu'un bien médiocre. La
Belle qui étoit enchantée de ce
jeune Amant, n'eût pas la moindre difpofition à foufcrire aux defirs de fa mere : cependant cette

malheureuſe femme qui craignoit
à tous momens qu'on ne la vint
emmener avec violence pour la
remettre au pouvoir de Jacques
G. * * *, ſe retira ſecretement de
chez elle, dont elle emporta pluſieurs effets conſiderables, & ſe
cacha dans la maiſon d'une amie,
voulant voir de cet azile ſecret
quel train elle pourroit donner à
ſes affaires.

Dans ces mouvemens ſi triſtes,
ſa fille ne trouvoit de conſolation
que par la tendreſſe qu'elle ſentoit pour le Chevalier; perſuadée
que l'amour lui faiſoit partager
toutes ſes diſgraces, elle comptoit
que c'étoit une douce raiſon qui
la devoit engager à les trouver
moins ameres: chez beaucoup de
femmes, rien n'eſt plus propre à
rendre leger le poids des chagrins,
que les ſoins d'un amant aimé.
Mais la Belle fut bien ſurpriſe,
quand elle vit tout d'un coup le

sien ralentir ses empressemens.
Dès le troisième jour qui suivit la
perte de son Procez, il ne vint
point chez elle, & il avoit accoutumé de ne jamais passer un jour
sans lui débiter tout ce que l'habitude inspire aux jolis hommes qui
veulent plaire. Celuy dont nous
parlons revint enfin chez la Belle,
après avoir été cinq jours sans y
paroître ; il lui dit qu'il avoit été
indisposé , & ensuite parut rêveur & tout de glace. Elle lui en
fit de tendres reproches, qu'il reçut d'un air de petit-maître, &
tout à fait offensant ; & comme il
entra quelqu'un chez elle , il la
quitta brusquement. La Belle fut
très touchée de son procedé, & en
versa bien des larmes ; mais comme elle avoit pour lui un fatal penchant, qui lui faisoit sans cesse
donner un tour favorable à toutes
ses actions, elle crut que le mauvais état de sa santé avoit été la

seule cause de l'inégalité de son
humeur, & s'attendit qu'au premier jour il viendroit lui en demander pardon. Elle se trompa
beaucoup, six jours se passerent
sans qu'il lui donnât le moindre
signe d'attention, & enfin emportée par sa tendresse, quoique naturellement elle eût de la hauteur
dans l'ame, elle alloit faire ceder
la fierté à l'amour, & se préparoit
à écrire à son Amant un billet
fort passionné, lorsqu'on lui vint
apprendre que ce jour là même,
il avoit signé un Contract avec une
riche veuve qu'il devoit épouser
dans quatre jours.

La Belle fut frappée d'une si
vive douleur à cette nouvelle,
qu'elle en tomba évanoüie; on la
fit revenir avec beaucoup de peine; & quand elle eut recouvré l'u-
sage de ses sens, elle ne versa pas
une larme, ni ne poussa pas la
moindre plainte; mais elle étoit

dans un faififfement affreux, qui lui caufa une oppreffion, qui en lui ôtant prefque l'ufage de la voix, lui ôta auffi la refpiration. Elle fut prife d'une fiévre violente ; & après avoir tourné toutes fes penfées du côté du Ciel, elle expira le quatriéme jour de fa maladie.

C'étoit juftement le même jour que fon infidele donnoit à une autre, cette foy qu'il lui avoit fi folemnellement promife. La riche veuve qu'il époufoit avoit pris du panchant pour lui dès qu'il commença à rendre des foins à la Belle ; mais quand cette veuve, qui n'avoit ni beauté ni jeuneffe, les vit bien reçus, elle trouva à propos de ne point mettre au jour les fentimens dont elle étoit préoccupée, & jugea qu'une fille de qualité, jeune, belle, & plus riche qu'elle encore, obtiendroit aifément la préference fur elle

dans le cœur du Chevalier ; mais
dès qu'on lui apprit la perte du
Procés de la Belle, elle sentit renaître au fond de son cœur une
flateuse esperance. Elle mit dans
ses interêts un ami du Chevalier, qui représenta à ce jeune ambitieux, qu'il perdroit sa fortune,
& feroit beaucoup de tort à sa réputation, s'il étoit assez imprudent pour s'aller follement piquer
de constance pour la Belle. Il lui
fit entendre qu'une opulente veuve avoit une forte passion pour
lui, il lui remontra qu'il n'étoit
point assez riche pour faire la fortune d'une fille qu'on venoit de
dépoüiller de tout son bien, &
que par dessus cela, la tache hon-
teuse qui ternissoit sa naissance, le
terniroit aussi.

Le Chevalier qui étoit servile-
ment attaché à l'interêt, étoit ravi qu'on lui fournît des prétextes
pour se dégager d'avec la Belle.

Mais comme il affectoit de garder
des dehors de bienseance & de
generosité, il dit qu'il comptoit la
perte des biens pour peu de chose, que du reste il sentoit assez
qu'il seroit fort triste pour lui d'é-
pouser une personne dont la naiss-
sance étoit si tachée; mais que ce
pendant, puisqu'il y étoit engagé,
il se résoudroit à ressentir cette
amertume par generosité. Comme
il parloit absolument contre sa
pensée, il ne chercha plus qu'une
occasion de rompre avec la Belle;
il le fit sur le leger prétexte que
nous avons marqué, & aussi-tôt il
en fit confidence à son ami, à qui
il déclara que c'étoit le bizare caprice de la Belle, qui seul avoit
causé cette rupture. Cet ami lui
parla au moment même en faveur
de la veuve qui offroit de lui faire
donnation de tout son bien. L'avi-
dité que le Chevalier avoit pour
les richesses lui fit recevoir avec

plaisir la proposition de cet engagement, qui coûta la vie à une Amante aussi tendre qu'infortunée. Cet Ingrat étoit si ravi de se voir maître des biens de la veuve, qu'il n'eut que de legers remords du malheur qu'avoit causé sa perfidie.

Pour la mere de la Belle, desesperée de la mort de sa fille, elle sortit de la maison où elle s'étoit cachée, pour se cacher plus secrettement encore dans le fond d'un Couvent, inconnu à tout le monde, excepté à une seule de ses amies. Là elle vouloit mener jusqu'au tombeau une vie languisante & obscure, dans laquelle elle n'auroit pas même pû se soûtenir, sans le secours des effets, dont elle avoit sçû s'approprier la possession. En traînant des jours malheureux, elle n'a été encore que trop doucement punie de tous les maux que son fol orgueil

& fon peu de foy ont caufez à tant de perfonnes innocentes.

Le Marquis De***, qui n'avoit pû ceffer d'efperer que la Belle reviendroit de fon entête-ment, & confentiroit enfin à fon alliance, n'avoit fait aucune dé-marche en confequence de l'Ar-reft qu'il avoit obtenu, & laiffoit toutes chofes tenant état, comme tout le bien de la Belle n'avoit pas été adjugé à fon fils. Ce fils, qui idolâtroit toujours cette fiere beauté, n'avoit eu garde de s'oppofer au repos dont on la laiffoit joüir. Enfin le Pere & le fils apprirent fa trifte deftinée.

Le Marquis plaignit beaucoup le fort de cette fille infortunée, fon fils luy donna des torrens de larmes, & ne fentit aucune fatisfaction de voir fon bien aug-menté d'un heritage dont l'acqui-fition luy a coûté tant de dou-leurs. Il n'y eut que le bon-homme

Jacques G. *** qui profita bien
réellement de tant d'évenemens
étranges. Il ne fut point obligé
pour le ſoûtien de ſa vie d'eſſuyer
les caprices violens d'une femme
orgueilleuſe & irritée, il fut affran-
chi de ſa tirannie & à l'abry du
beſoin ; car, par un mouvement
charitable, le Marquis aſſura à
ce pauvre vieillard ſa ſubſiſtance
pour le reſte de ſes jours.

L'A MAZONE FRANÇOISE

HISTOIRE ANCIENNE.

DAns le temps que la France étoit partagée entre plusieurs Rois, on ne m'a pas dit sous quel Regne, ni en quel siecle, mais il n'importe : il y avoit un Seigneur, nommé le Comte de Solac, qui étoit fort brave, fort riche, & tout plein d'esprit. Il s'étoit marié dans un âge très avancé, & sa femme mourut jeune, luy laissant six enfans, dont il avoit un fils & une fille, qui étoient jumeaux. Ce fils étoit unique : il y avoit trois filles aînées des deux enfans jumeaux ;

& une leur cadette de trois ans.
Ce Seigneur ne voulut point se
remarier, & mit tous ses soins à
faire bien élever ses enfans. Cependant il ne reüssit qu'au plus
petit nombre. Assez peu d'années
aprés son veuvage, sa fille aînée
se trouva en âge d'être mariée :
mais malgré l'envie qu'en avoit
son pere, elle ne voulut point entrer dans cet engagement, & fit
bien. Son caractere étoit composé
d'une devotion grimaciere, &
d'une pruderie outrée. Elle étoit
fort laide, & assez foible pour en
avoir beaucoup de chagrin ; ce
qui la rendoit de si méchante humeur, qu'elle se prenoit à tout le
monde du peu de liberalité de la
nature à son égard. Elle témoignoit une aversion si affectée pour
le sexe different du sien, que
quand le hazard auroit conduit
quelque homme dans sa chambre, elle en ouvroit les fenestres

pour chaſſer le mauvais air , & y
brûloit enſuite des paſtiles. Elle ne
vouloit pas ſe donner la moindre
peine, le moindre ſoin domeſti-
que ; & ne revint jamais de l'E-
gliſe, où elle alloit critiquer tout
le monde , ſans gronder quelqu'un
à ſon retour au logis , & ne mé-
nageoit pas même ſon pere.

Le Comte de Solac abandonnant cette prude outrée à ſon caractere bizare, crut qu'il pourroit
s'en conſoler par le merite de ſes
deux filles qui ſuivoient cette aînée. Celle d'aprés avoit de la beauté ; mais cette beauté n'étoit ſoûtenuë, ni d'eſprit, ni d'enjouëment. Une indolence fade regnoit
dans toutes ſes actions ; & comme
elle ne ſçavoit ni agir, ni penſer,
faute de trouver du fonds chez
elle pour s'amuſer, le jeu faiſoit
ſa paſſion dominante. Elle s'y livra tant, qu'il devint en elle une
fureur ; & abuſant de la bonté de

fon pere on voyoit toûjours dans
fa chambre quatre tables au moins,
entourées de gens d'un efprit auffi
déreglé que leurs mœurs, qui fur
la moindre difpute de jeu, fe di-
foient à tous momens les plus af-
freufes véritez. Ces fortes de perfonnes lui gagnoient des fommes
immenfes; & outre tout ce que la
complaifance de fon pere lui four-
niffoit d'argent, elle faifoit mille
indignes rapines fur toutes les
chofes qui étoient foûmifes à fa
direction, & fe montroit d'une
avarice fordide pour tout ce qui
n'étoit pas le jeu, où elle paffoit
la plus grande partie des nuits.

La troifiéme fille du Comte n'é-
toit pas belle; cependant elle avoit
un petit air vif & fripon, qui ne
laiffoit pas de plaire. On remarquoit dans fon efprit de l'enjoüement & du feu; mais elle n'avoit
ni jugement, ni conduite, & aimoit tous les plaifirs avec emporte-

ment. Elle eût été au defefpoir fi elle eût paffé un jour fans Bal , fans fpectacle, ou fans fefte. Sa magnificence fur les meubles, & fur les habits ne fe bornoit point, non feulement elle donnoit aveuglément dans toutes fortes de modes, quelques bizares qu'elles fuffent ; mais encore elle en faifoit naître elle même ; & ma chronique porte, que ●●●● fût cette fille fenfée , qui eut la folide gloire d'inventer tous les *Steinkerque.* *les Falbala*, & les *Prétintailles* de fon fiecle. Le plus fragile bijou , le colificet le plus enfantin lui faifoit envie ; & pour fournir à ces inutiles dépenfes , elle auroit engagé jufqu'à la Robe-de-chambre de fon pere. Et par deffus tous ces défauts , elle avoit encore celui de ne pouvoir vivre , fi elle ne fe voyoit entourée d'une douzaine d'infipides Blondins , qui lui debitoient de fades douceurs ,

qu'ils ſçavoient par cœur, à force
de les avoir repetées à plus de cent
belles.

Cette joüeuſe, & cette coquette, ne chagrinerent guéres moins
leur pere, que la Prude outrée ;
ſur tout quand il vit qu'un âge
plus formé ne les corrigeoit point
de leurs dangereux penchans.
Mais qu'il eut ſujet d'être content
de ſa quatriéme fille ! C'étoit une
charmante brune, dont tous les
traits, auſſi réguliers que piquans,
étoient encore embellis par l'éclat
d'un tein admirable, une taille
haute & bien priſe, ſoûtenuë d'un
air auſſi noble qu'aiſé, achevoit
de la rendre toute aimable ; & les
charmes de ſon eſprit & de ſon
humeur, ſurpaſſoient encore de
beaucoup ceux de ſon corps. Elle
avoit l'eſprit vif, ſolide, & bien
reglé, étoit à la fois genereuſe,
& œconome, entroit de bonne
grace dans tous les petits ſoins

T

domeſtiques , où le caractere de ſon ſexe l'engageoit , ſe faiſant un plaiſir & une étude de bien remplir tous ſes devoirs. Son Frere, qui étoit ſon jumeau , lui reſſembloit entierement du viſage, & de la taille. Et comme il avoit les cheveux noirs auſſi bien qu'elle, ſi la difference de leur ſexe n'en eût pas mis dans leurs habits , on ne les auroit pas diſtinguez l'un de l'autre.

Mais ſi ce jeune Seigneur , qu'on nommoit le Comte de Marmoiſan , reſſembloit à l'aimable Leonore ſa ſœur, par les agrémens perſonnels, il ne lui reſſembloit guéres du coſté de l'eſprit. Il avoit raſſemblé en lui la diverſité des défauts fatiguans de toutes ſes autres ſœurs , excepté les grimaces de la fauſſe dévotion, & de la pruderie bizare. Sur ces deux articles, on auroit eu tort de l'accuſer ; car il donnoit dans des excès entierement oppofez. Et avec tout le mauvais du caractere de fes fœurs, il avoit encore ajouté de certaines manieres étourdies, & évaporées, aufquelles la liberté de fon fexe lui avoit permis de fe li-vrer.

Cependant avec fes airs évan-tez, fon amour pour le jeu & les folles dépenfes, il aimoit Leonore qui étoit la modeftie & le bon fens même, préferablement à toutes fes autres fœurs, dont les inclina-tions fe rapportoient fi fort aux fiennes : tant la vertu eft propre à fe faire aimer, même de ceux qui n'ont nulle envie de la fuivre. Il eft vray cependant, que cette ju-melle & lui, fe trouvoient tous deux d'accord à aimer beaucoup le plaifir de la chaffe. Leonore étoit naturellement vive, & in-fatigablement agiffante. Elle trou-voit le tems de remplir tous fes devoirs, de lire, de travailler à la tapisserie , & trouvoit encore des momens pour s'exercer à monter à cheval , à tirer des armes, & à chasser.

Ces occupations étoient pour elle un divertissement fort touchant , & se rapportoient bien à son courage , qui étoit d'une fermeté assez peu ordinaire aux personnes de son sexe. Quand le Comte de Solac connut tout son merite , il joignit à sa tendresse de pere une forte estime ; ce qui lui fit prendre pour elle un attachement , qu'il seroit difficile d'exprimer.

Il eût bien voulu voir dans son fils les mêmes qualitez : mais quoique ce fils fût fort éloigné de les posseder , comme il étoit unique, & même aimable malgré ses défauts , ce bon pere ne laissoit pas de l'aimer passionément. Il avoit mis sa fille cadette dans un Convent dès l'âge de trois ans ; &

comme il ne connoiſſoit pas ſon humeur, il faiſoit deſſein de ne l'en tirer que pour la marier, de crainte qu'elle ne ſuivît moins le bon exemple de Leonore, que le mauvais de ſes autres ſœurs.

Cependant le bon Seigneur de Solac, qui ſe voy.oit accablé dans ſa vieilleſſe des incommoditez qu'il avoit contractées, en portant long-tems les armes avec gloire, vit avec chagrin renaître la guerre dans le Royaume. Il n'étoit plus en état de ſervir, & il avoit peine à ſe réſoudre d'expoſer un fils unique de ſi bonne heure. Pour Marmoiſan, il brûloit d'être en campagne : il avoit envie de ſe ſignaler, & d'être maître de ſes actions ; outre cela ſon pere joüiſſoit de pluſieurs beaux Gouvernemens, & de quantité d'autres bienfaits du Roy, dont ce jeune Seigneur vouloit ſe rendre digne d'avoir la ſurvivance ; & pour l'animer encore , il sçavoit que le nom de sa maison étoit fort révéré dans l'armée.

Solac voyoit bien tout cela , & eût été très fâché , si son fils n'eût pas fait tomber sur lui ces bienfaits du Roy sur tous ces Gouvernemens où il avoit toujours fait sa résidence, & où il avoit vécu en petit Souverain : car pour comble de bonheur , toutes ses Terres dans le Languedoc , se trouvoient placées autour des Villes où il commandoit. Avec cela, il étoit trés-zelé pour le service du Roy : cependant malgré toutes ces considerations , il balançoit entre la gloire & la tendresse paternelle , quand il reçut un ordre positif du Roy d'augmenter son Régiment , qui étoit encore sur pied, & d'envoyer son fils à la tête, parce qu'on sçavoit que le nom de ce fils étoit aimé.

Il y avoit déja quelques années

que le Comte de Solac avoit mené
Marmoifan à la Cour ; on l'y
avoit trouvé bien fait, & il avoit
marqué en plufieurs occafions de
l'efprit, & du cœur au deffus de
fon âge. Du refte on ne s'emba-
raffoit pas s'il avoit de mauvai-
fes qualitez, il n'étoit queftion
que d'aller briller dans l'armée,
& il avoit ce qui étoit propre pour
cela. Ainfi, comme le befoin de
l'Etat étoit preffant, & qu'on
vouloit engager toute la Nobleffe
confiderable à bien fervir ; pour
animer ce jeune Seigneur, & pour
porter fon pere à le voir partir
avec joye, on leur promit de terminer à leur avantage dès cette
premiere campagne une affaire
effectivement jufte, que Solac
avoit contre un ancien ennemi de
fa Maifon, & que le crédit d'un
Miniftre empefchoit depuis long-
tems de finir.

Le Comte de Solac, qui étoit

de ces braves à l'antique, sensible
jusqu'à l'excés sur le point-d'honneur & la vengeance, se flata de
triompher d'un ennemi qu'il haïssoit, ayant la parole positive du
Roy, qu'il sçavoit être inviola-
ble. Il ne hésita donc plus à consentir au départ de son fils, & songea à lui faire préparer un équipage magnifique.

Marmoisan étoit ravy de joye :
cependant elle ne l'occupoit pas si
fort, qu'il n'eût encore quelqu'autre chose dans l'esprit. Il y avoit
déja quelque tems qu'il étoit
amoureux d'une jolie personne,
femme d'un Gentil-homme assez
considerable. Cette femme avoit
de la vertu, & aimoit son epoux.
Elle avoit dit plusieurs fois au jeune Comte en termes très vigou-
reux, qu'il lui feroit un grand
plaisir de ne la plus importuner de
ses folles prétentions dont elle lui
conseilloit de se défaire ; mais loin

de

de profiter de ses conseils, il se
mit en tête de venir à bout de ses
desseins avant son départ.

Pour cet effet il fit jouër toutes
sortes de ressorts, qui lui furent
inutiles ; & enfin ayant sçû que
le mary de la Belle étoit ab-
sent pour quelques jours, à ce
qu'on croyoit, il resolut de s'introduire la nuit dans la chambre
de la jeune Dame avec une échelle de cordes, prétendant reüssir à
se rendre heureux par cet indigne
artifice. Plein de ce pernicieux projet, il n'écouta point certaines reflexions qui vouloient s'efforcer de
lui en faire horreur ; & son imprudence naturelle l'accompagnant
toujours, il se mit en état d'esca-
lader la chambre de sa Maîtresse
qu'il n'étoit pas dix heures du soir.

Le Gentilhomme avoit terminé
ses affaires plûtôt qu'il n'avoit crû,
& par un étrange coup du hazard,
il alloit rentrer chez lui au mo-

V.

ment que l'extravagant Marmoifan montoit à l'échelle de cordes.
La nuit étoit trop noire pour dif-
cerner les vifages ; ainfi cet Epoux
voyant un homme en cet état,
ne fçût s'il devoit le prendre pour
un voleur, ou foupçonner la vertu
de fa femme. Dans l'inftant qu'il
fongeoit comment il feroit pour le
punir à l'heure même fans éclat,
l'infortuné Marmoifan, que cette
arrivée imprévûë avoit fi troublé,
qu'il ne fçavoit plus ce qu'il faifoit, fentit manquer fon pied, &
fe laiffa tomber au bas de l'échelle.
L'Epoux jaloux lui paffa fon épée
au travers du corps ; & le coup
fut fi fatal, qu'il en perdit la vie
un moment après. J'ai oublié de
dire que toute cette fcene fe paffoit à la campagne dans un Château voifin de celui du Comte de
Solac. Le bruit de l'action du Gentilhomme, fit fortir du monde de
fon Château, avec de la lumie.e;

& sa femme même, qui avoir crû
entendre la voix de son époux, &
qui fut bien étonnée de voir ce spectacle. Elle trouva des moyens in-
contestables de prouver son innocence dans cette affaire : Mais
quand son Epoux & elle furent
d'accord, ils se trouverent bien
embarrassez comment ils pourroient se disculper envers le Comte
de Solac qu'ils estimoient, & dont
ils apprehendoient le credit. Ils
ne trouverent point de meilleure
voye que de prier ce Comte de
venir chez eux, pour lui conter
les choses comme elles s'étoient
passées, & les lui prouver par l'é-
chelle de corde, qu'on ne changea point de place, & par d'autres marques encore. Tout cela
fut executé : & malgré la douleur mortelle, que le Comte eut
de la perte de son Fils. son équité
lui fit voir, qu'il ne devoit s'en
prendre qu'au mauvais destin de

ce jeune étourdi. Ce qui le défefperoit le plus encore, c'étoit l'occafion honteufe pour laquelle il étoit mort. Ainfi, par je ne fçai quel mouvement, il pria les deux Epoux de cacher exactement toute cette funefte avanture, & fit emporter le corps fecrettement. Enfuite il alla décharger fa douleur dans le cœur de fes Filles, qui ne furent gueres moins affligées que lui, particulierement Leonore.

Ce trifte Vieillard exageroit toutes les cruelles circonftances qui accompagnoient la mort indigne de ce Fils ; & fur tout étoit au défefpoir, de voir perdre la décifion avantageufe de cette grande affaire, qui devoit être le fruit de la premiere Campagne de Marmoifan. Ses Filles le confoloient le mieux qu'il leur étoit poffible : mais comme leur paffion dominante les occupoit trop chacunes, pour être auffi fenfibles que Leo,

nore aux tendreſſes du ſang, il
n'y en eût point qui s'en acquitât
auſſi bien qu'elle. Mais de plus,
ſa tendreſſe & ſon courage, lui
inſpirerent un deſſein bien genereux. Comme elle reſſembloit parfaitement à Marmoiſan, elle propoſa à ſon pere, que s'il vouloit y
conſentir, elle quitteroit les habits de ſon ſexe, & iroit joüer le
perſonnage de ſon frere à la Cour,
& dans les Armées. Le bon Seigneur charmé de ſa reſolution,
y applaudit tout d'un coup ;
& il ne fût plus queſtion, que
de prendre de juſtes meſures,
pour executer habilement ce projet.

On avoit fait courir le bruit, que
Marmoiſan étoit abſent ; & en même temps on publia, que Leonore
vouloit aller paſſer un aſſez long
temps dans un Couvent fort éloigné, & que ſa petite ſœur Ioland
s'y accompagneroit. On fit par-

tir une fille masquée, qu'on dit
être Leonore, & Leonore prit les
habits de Marmoisan. On fit effectivement sortir la jeune Ioland
de son Couvent; mais ce fut pour
la déguiser en Page, dans le dessein de la faire suivre Leonore:
parce qu'il étoit necessaire qu'il y
eût quelqu'un à sa suite, qui sçût
le secret de son sexe, & qu'on ne
pouvoit pas le mieux confier qu'à
cette jeune sœur qu'on ne connoîs-
soit point dans le monde, où elle
n'avoit jamais paru. Elle n'avoit
pas encore quinze ans; & ses sœurs
trouverent que son habit de Page
lui seyoit admirablement. Quoi
qu'elle ne fut pas si belle que Marmoisan, son air étoit fort vif, &
fort piquant: elle avoit de l'esprit,
& avec un enjoüement des plus
grands, elle ne laissoit pas d'avoir
de la prudence. Elle commençoit
à s'ennuyer dans le Couvent; &
elle fut ravie de la scene qu'elle

alloit joüer avec Leonore, que
nous appellerons déſormais Marmoiſan, qui partit pour la Cour,
auſſi-tôt que ſon équipage fut
prêt.

Il fut fort bien reçû du Roy,
qui étoit un Prince ſage & plein
de bonté, & s'attira l'inclination
particuliere du Fils unique de ce
Monarque, jeune Prince fort
brave, & fort vif, & cependant
point amoureux, au grand étonnement de toute la Cour, & au
grand regret de toutes les Coquettes qui s'y croyoient belles.

Mais Cloderic, c'eſt ainſi qu'on
nommoit ce Prince, étoit ſi livré
à l'amour de la guerre, & à celui
des plaiſirs à fracas, qu'il ſembloit
n'avoir pas le tems de ſonger à la
tendreſſe. Bal, Spectacle, partie
de chaſſe, Maſcarade, Tournoy,
Carrouſel, Fête galante, tout cela l'occupoit entierement, en attendant la ſaiſon de ſe ſignaler

par les Armes. Il s'attachoit de ſi bonne foy aux jeunes Seigneurs qui l'approchoient, & en qui il trouvoit du merite, qu'il les traitoit plûtôt en amis qu'en ſujets ; & le Roy ſon Pere craignoit qu'il ne prit l'habitude de ſe laiſſer trop obſeder des Favoris. Il mit Marmoiſan de tous ſes plaiſirs ; & cet agréable Comte s'attiroit les ſuffrages de tout le monde par ſa bonne grace & ſon adreſſe.

Il y avoit ſouvent autour de ce Prince, une troupe de jeunes gens fort étourdis, groſſiers, brutaux, pleins d'une vanité ridicule, toujours prêts à tirer l'épée mal-à-propos, toujours prêts à médire du genre humain, & ſur tout des femmes. Enfin il ne manquoit à ces gens-là que le nom de Petit-Maître : pour les manieres, elles étoient pareilles. Car le monde a toujours été à peu près tel qu'il eſt ; & en ce temps là

comme en ce temps-cy, presque
toutes les Cours étoient inondées
de ces sortes de gens. Marmoisan
eut beaucoup à souffrir de leur
conversation. Il avoit pris à mer-
veille les airs cavaliers, mais non
pas les extravagans. Ainsi se trouvant quelquefois trop fatigué des
contes impertinens qu'ils faisoient
de leur bravoure, & de leurs bonnes fortunes auprès des Belles ;
il sçavoit les plaisanter d'une maniere fine & piquante. Il parvint
bien-tôt à s'en faire haïr ; & comme ils avoient remarqué, que des
grossieretez d'un certain caractere
le faisoient rougir & le déconcer-
toient, ils prenoient plaisir à les
débiter devant lui, & faisoient de
tous côtez mille froides railleries
de sa retenuë.

On ne manqua pas d'en aller
faire des Histoires au Prince ; &
le Comte de Genac, un de ses
Favoris de plus de merite, dit :

Qu'en effet, il étoit surpris de voir Marmoisan si sage, & si modeste à la Cour ; parce que l'ayant vû il y avoit quelque temps en Province, il ne lui avoit point paru si Caton. Comme le Prince étoit fort raisonnable, les contes qu'on lui fit de Marmoisan sur ce sujet, ne firent qu'augmenter sa faveur auprès de lui.

Le Comte de Genac n'y contribua pas peu. Il avoit pris pour Marmoisan une estime & une amitié extrême. Il vantoit sans cesse à son jeune Maître les grandes qualitez de ce beau Cavalier, & lui faisoit plaisir. Car il sentoit que son penchant l'entraînoit à aimer beaucoup Marmoisan. Le Prince n'étoit pas le seul dans la Cour, qui eût ce penchant ; bien des Dames lui ressembloient. Je ne m'amuserai point à raconter toutes les minauderies & les fausses démarches que firent quelques-unes d'elles pour plaire à nôtre prétendu Cavalier, ni tous les tours de Page, qu'Ioland leur fit. Elle étoit ravie d'exercer son enjoüement par mille petites malices, qui convenoient admirablement à l'habit qu'elle portoit. Elle en fit encore plus aux Petits-Maîtres qu'aux Coquettes; & elle eut en fort peu de temps la reputation d'un Page le plus Page du Royaume : mais qui dans ce caractere ne laiſſoit pas d'être plein d'eſprit & d'agrément, & qui ſur tout avoit un talent merveilleux pour contrefaire tous ceux qu'il voyoit ridicules. Le Marquis de Brivas, jeune Seigneur, amy de Marmoiſan, trouvoit tant de charmes dans les folâtres manieres de ce Page, qu'il diſoit ſouvent à ſon Maître : Mon pauvre Comte, je donnerois de bon cœur ma plus belle Terre, pour avoir auprès de moy un Gentilhomme auſſi ſpirituel, & auſſi divertiſſant que ton petit Page.

Enfin la ſaiſon de la guerre ſuivit celle des plaiſirs. Le Prince partit pour l'Armée, & toute la jeune Nobleſſe avec lui. Comme l'eſprit dangereux de la Reine, ſeconde Epouſe du Roy, avoit formé dans l'Etat plus d'une cabale turbulente, qui ne cherchoit qu'à broüiller, ce Monarque reſta dans le cœur de ſon Royaume, pour faire avorter ces factions par ſa preſence.

Cependant la Campagne fut meurtriere: il s'y donna trois grandes batailles, où Marmoiſan ſe diſtingua d'une maniere toute heroïque ; & dans l'une deſquelles il eut le bonheur de ſauver la vie au Prince. Il eut encore celui de découvrir par ſa prudence une trahiſon terrible, qui livroit la moitié de l'Armée aux Ennemis.

Ces actions d'éclat lui acquirent
une si grande reputation, & ache-
verent si bien de le mettre au
comble de la faveur auprès du
Prince, qu'il se fit mille envieux,
qui ne chercherent plus qu'à lui
nuire.

Le Comte de Richevol fut un
de ceux qui s'y porterent avec le
plus de malignité. Ce Seigneur
avoit de la valeur ; mais c'étoit la
seule bonne qualité qu'il eût : il
étoit aussi bizare qu'imprudent &
prodigue ; & quoy qu'il eût épou-
sé une des grandes Heritieres du
Royaume , & qu'il eût des reve-
nus immenses des bienfaits du
Roy, jamais homme ne porta plus
loin le nombre des Creanciers, la
grosseur des dettes , & l'intrepidité de ne pas acquiter un seul de-
nier sur des millions qu'il devoit.
Cependant l'esprit de dépense où
l'entraînoient ses magnificences
mal entenduës , & les dons pleins

de profusions qu'il faisoit à ses
Maîtresses, le mettoient à tous
momens dans une telle disette,
qu'il fatiguoit incessamment le
Roy de ses demandes. Il n'étoit
Charges, Privileges, Confisca-
tions qu'il ne courût demander,
tout lui étoit propre, & le Roy
qui estimoit sa bravoure,& aimoit
son caractere par un penchant naturel, avoit toujours la bonté de
lui accorder ce qu'il demandoit.
Le bruit en étoit entierement répandu dans le monde. Ainsi quand
Marmoisan parut à la Cour, ayant
remarqué que cet évaporé de Richevol étoit blessé des approba-
tions qu'on lui donnoit, & tâchoit à traverser sa faveur naissante, il n'eût pas beaucoup de
ménagemens pour lui.

Un jour qu'il venoit d'apprendre que Richevol avoit fait de lui
une mechante raillerie, il le paya
sur le champ par une plaisanterie

ingenieuse. Ils étoient tous deux chez le Roy , où il y avoit beaucoup de monde ; & Richevol, contre sa coutume, demeuroit rêveur, & sans rien dire. Dans cet état létargique, comme il ouvrit la bouche pour bâiller, Marmoisan lui dit fort haut, le Roy vous l'accorde. Que voulez-vous dire par là ? répondit Richevol : c'est que vous n'avez jamais ouvert la bouche ici , repartit Marmoisan, que pour demander au Roy ; ce Prince a la bonté de ne vous refuser jamais : ainsi je vous ay dit, le Roy vous l'accorde, pour vous épargner un plus long discours. Ce bon mot divertit beaucoup toute la Cour ; & Richevol qui en fut piqué jusqu'au vif, en fit éclater son ressentiment dans l'occasion dont je vais parler.

On prit une Ville d'assaut ; & les soldats irritez du trop de résistance des Habitans, vouloient

s'abandonner contre eux à toutes les fureurs de la guerre.
Le Prince donna des ordres pour
les retenir : mais ils auroient été
mal executez, si la compassion genereuse de Marmoisan n'eût mis
en usage mille stratagêmes, pour
garantir la vie, & l'honneur d'u-
ne infinité de personnes. Il s'é-
força même, autant qu'il lui fut
possible, d'empêcher le pillage ;
& ce fut encore une nouvelle of-
fense pour Richevol. Car en vain,
il étoit grand Seigneur ; il aimoit
plus à piller que le moindre soldat
de l'armée. Il fit au Prince de terribles plaintes contre Marmoisan,
& dit que les soldats murmuroient
tout haut, avec raison ; puis qu'il
étoit juste que ces malheureux se
dédommageassent par le pillage,
de tout ce qu'ils souffroient pendant une Campagne. Il prétendit
que Marmoisan avoit trop étendu
les ordres du Prince, sur le frein
qu'il

qu'il vouloit qu'on leur donnât :
puis il ajoûta: Pour moi je croi
que ce beau Comte fi fcrupuleux
eſt une femme qui fe cache, tant
il eſt tendre & pitoyable. Nous
lui en avons déja remarqué aſſez
les manieres, pour donner fujet
de l'en foupçonner. Richevol auroit eu bien envie d'ajoûter encore, que Marmoifan n'étoit pas
brave ; mais il ne s'étoit point pre-
fenté d'occafion, où il n'eût donné tant de preuves de valeur, qu'il
n'ofa avancer contre lui un men-
fonge fi groffier.

Le Prince arrêta tous ces differens par fon autorité ; mais cependant ce qu'avoit dit Richevol lui revint plus d'une fois
dans l'efprit. Avez-vous remarqué, difoit-il au Comte de Genac,
ce qu'on nous dit des manieres de
Marmoifan, & n'avez-vous point
fait réflexion fur ce que nous en
avons vû cent fois nous-mêmes ?

X

Je ne fçai fi Richevol n'a point
rencontré jufte, & fi Marmoifan
n'eft point en effet une fille dé-
guifée. Genac, qui avoit connu
le vrai Marmoifan en Languedoc,
& qui auroit pû fournir une lifte
affez grandes de fes folles amou-
rettes, affuroit bien pofitivement
le Prince, que c'étoit un Garçon,
& même fort éventé en fortant de
l'enfance ; mais qu'il ne falloit plus
fonger à cela, puis qu'il s'étoit fi
bien corrigé, qu'il pouvoit paffer
pour le plus fage jeune homme de
l'Armée. Le Prince étoit au défefpoir de ces affurances ; car il
eût voulu, par je ne fçai quel
mouvement, que Marmoifan eût
été d'un fexe different du fien.

Cependant Richevol toujours
animé par la haine, fe fit un
plaifir de faire courir ce bruit
fourdement dans l'Armée, pour
chagriner Marmoifan, qu'il croyoit dans le fonds de fon ame

bien veritablement un Cavalier. Ce bruit se répandit de tous côtez parmi les soldats : & Marmoisan voit incessament qu'on le regarde, qu'on le suit, qu'on l'observe ; & plus on l'observe, plus on le déconcerte. On dit en cent endroits à ses Domestiques, que leur Maître est une fille : Ioland l'en avertit, & lui dit, que sa douceur, sa modestie, & sa compassion pour les miserables, sont les seuls sujets qui ont donné lieu à ces bruits. Marmoisan fut penetré de chagrin de voir que ces bruits fâcheux alloient apparemment rompre toutes les mesures qu'il avoit prises avec tant de justesse Il prétendoit s'en retourner auprès de son pere, si-tôt que la Campagne seroit finie, & là feindre une maladie ; puis publier habilement, que Marmoisan étoit mort, & ensuite reprendre les habits de son sexe. Le Roy avoit déja accordé à son pere, la grace qu'il lui avoit promise ; mais nôtre Heroïne avoit trop de cœur, pour disparoître avant que la Campagne fût finie ; & de plus son départ, en l'état où étoient les choses, n'auroit pas manqué de découvrir le secret qu'elle vouloit cacher.

Pleine de ces diverses inquiétudes, elle s'écarta du Camp seule, pour avoir du moins la douceur de rêver en liberté : car son intrepidité lui faisoit mépriser les perils où l'on pouvoit être exposé en s'écartant ainsi. Que la ferocité des hommes est grande ? disoit-elle, & qu'ils en sont bien convaincus eux-mêmes, puis qu'un peu de douceur & de retenuë est capable de leur faire entrevoir que je ne suis pas de leur sexe ? Si l'on m'avoit vû jurer, assommer mes valets, ne parler jamais de la Divinité qu'en blasphemant, boire

avec des excès honteux , on n'auroit pas douté que je ne fuſſe un
homme , à cauſe du grand nombre qui donnent dans ces manieres là ; mais, quoi donc, eſt ce
qu'il n'y en a pas auſſi beaucoup
qui ſont ſages & polis ; pourquoi
imiter les mauvais modeles ? Cependant je ne me trouve dans le
cruel chagrin où je ſuis, que pour
avoir vêcu avec trop de régle :
mais quand je devrois encore
ſouffrir davantage , je ne puis me
réſoudre à vivre d'une maniere
extravagante , quelque ſoit l'habit que je porte ; car, excepté les
airs effarouchez & libertins, n'ay-
je pas agi comme font les hommes ? A y-je ménagé ma vie ? A y-
je…. Marmoiſan dans ſa mau-
vaiſe humeur , alloit encore faire
bien d'autres moralitez fort aigres
contre le ſexe different du ſien ,
quand des voix confuſes , & des
cris l'interrompirent au milieu de
ſa periode.

A peine étoit-il sorti de sa rêverie, qu'il vit une jeune fille que deux soldats tiroient tour à tour avec violence, chacun de leur côté. Il courut à eux, & leur commanda de laisser cette malheureuse; mais ces brutaux, qui étoient échauffez de vin, le voyant seul, lui répondirent insolemment que puis qu'elle étoit leur prisonniere, il n'y avoit qu'eux deux qui pûssent se la disputer. En même tems un d'eux, se mit à la traîner vers un bois qui étoit proche. Marmoisan ne consultant que son courage, mit l'épée à la main, & ces brutaux l'y mirent aussi-tôt que lui. Par une valeur accompagnée de bonheur, il ôta la vie au premier, étendit l'autre sur la place blessé dangereusement, & il emmena ensuite à sa tente cette fille qui lui parût fort belle, voulant la garantir des dangers qu'elle auroit pû courir ailleurs.

Malgré l'étrange effroy où étoit
cette jeune Beauté, elle témoigna
sa reconnoiffance à son liberateur
avec tous les fentimens d'un cœur
bien placé ; & ces remerciemens
furent faits en des termes qui ne
laiffoient point douter qu'elle ne
fût d'une condition fort diftin-
guée. Le foldat qui avoit été fi
bleffé, fut des premiers à publier
l'extrême valeur de Marmoifan,
& le bruit de toute cette avanture
s'étant bien-tôt repandu, détrui-
fit entierement celui que Richevol avoit fait courir : car par les
foins que prit Marmoifan de l'honneur & de la fanté de la belle pri-
fonniere, on ne douta point qu'il
n'en voulût faire fa maîtreffe :
ainfi on le crût très Cavalier.

Le Prince en fût au defefpoir,
& les Petits-Maîtres, qui crurent
que Marmoifan alloit prendre enfin le train de leur reffembler,
l'en eftimerent davantage. Pour

lui il étoit fort affligé du tort que
ces folles croyances faisoient à la
reputation de cette jeune personne, quoi qu'il se flatât de trouver
des moyens de prouver son innocence sans se commettre, &
que cependant il eut de la joye
de voir qu'on ne doutoit plus,
qu'il ne fût du sexe dont il portoit l'habit. Le Prince seul ne pouvoit se resoudre à le croire, &
projettoit plus que jamais de prendre des mesures pour démê'er ce
qui en étoit. Il faisoit à Marmoisan mille presens de colifichets
magnifiques, & de fleurs rares,
bagatelles qui charment ordinairement les femmes : mais celle à
qui il s'adressoit, croyant penetrer le dessein qu'il avoit, en lui
faisant des presens de ce caractere,
marquoit pour eux la plus grande
indifference du monde, & laissoit
voir qu'elle ne les acceptoit, qu'à
cause de la main dont ils venoient,
&

& même s'échapoit quelquefois à temoigner qu'un bon cheval, & une belle épée lui feroient bien plus de plaifir que tous ces vains bijoux.

L'envie de s'éclaircir fit que le Prince la mit encore à une autre épreuve. Il lui donna plufieurs grands repas, tous compofez de toutes fortes de Franchipane, de Poupelins, de Bifcuits, de gâteaux d'amandes, & de liqueurs douces : Car quoi que ce fiécle là reffemblât au nôtre par mille endroits, il differoit pourtant en quelques-uns, & il n'y avoit point de Dame qui s'accommodât fi fort de langues parfumées, de Sauciffons de Boulogne : de Ratafiats, & de Pitrepite, comme certaines font en ce tems-ci. Marmoifan joüa encore bien fon perfonnage; quoique les fêtes que donnoit le Prince fuffent bien veritablement de fon goût, il feignit,

auant que la bienféance le pût
permettre, de trouver toutes ces
chofes très-fades, & prit la liberté
de demander au Prince en plai-
fantant, s'il le prenoit pour
être de l'humeur des Belles de le
regaler ainfi.

Le Prince ne fçavoit plus où il
en étoit ; toutes les paroles & toutes
les actions de Marmoifan le char-
moient, il ne pouvoit vivre fans
lui, & il fentoit bien, que fi tout
le merite qu'il lui voyoit fe trouvoit dans une fille, elle devien-
droit pour lui le fujet d'un amour
violent. Cependant il ne pouvoit
plus fe flater que c'en fût une ;
tout l'affuroit du contraire : Que
je fuis malheureux ! s'écrioit-il ;
mon cœur a toujours été inacceffi-
ble à la tendreffe, & je m'avife
d'en prendre pour une idée. Je
me dis & redis fans ceffe : Que
Marmoifan n'eft-il une fille ! que
je trouverois de douceur à l'ai-

mer ! Ah, j'ai honte de ces chimeres. C'est ainsi que ce jeune Prince s'occupoit à tout moment en lui-même, d'un objet qui lui avoit paru trop aimable.

Le Comte de Genac n'en étoit pas moins occupé que lui depuis certain jour, où il avoit engagé Marmoiſan à chanter, qui n'avoit oſé s'en défendre, crainte des ſoupçons. Sa voix étoit ſi belle & ſi douce, que Genac enchanté ne pût croire qu'un deſſus ſi charmant fût la voix d'un homme. Toutes les preuves qu'il avoit avancées à tout le monde du ſexe de Marmoiſan s'évanoüirent de ſon eſprit, & il en devint auſſi charmé que le Prince. Sa paſſion lui ouvrant les yeux, il comprit que ſi veritablement Marmoiſan ſe trouvoit être une Heroïne, il ne manqueroit pas d'avoir un rival en ſon Maître, ainſi il ſe garda bien de laiſſer paroître ſes ſentimens.

Cependant Marmoisan ravi de
voir sa reputation cavaliere bien
établie, s'observa peut-être moins
que d'ordinaire, & eut l'imprudence de témoigner beaucoup de
chagrin en presence du Marquis
de Brivas, pour du linge mal
blanchi, & des habits mal pliez:
malgré sa douceur naturelle, il
gronda fort ses gens sur ce sujet;
& sa mauvaise humeur augmenta
encore, remarquant que son Pavillon n'étoit pas bien rangé. Il
fit une attention si forte sur toutes ces choses, & entra dans des
détails de propreté si pleins de
bagatelles, qu'il marqua parfaitement bien en cette occasion le
caractére ordinaire des femmes,
dont la plûpart affectent dans
leurs habits & dans leurs meubles
une propreté qu'elles portent
quelquefois jusqu'à la bizarerie
la plus ridicule, & dont elles se
font un merite comme d'une dé-

licateſſe bien entenduë. Celles qui
ont l'eſprit un peu ferme ſont ordinairement exemptes de ces défauts : Cependant Marmoiſan
avec toute ſa grandeur d'ame n'a-
voit pas eu la force de ſe mettre
au deſſus , tant ce penchant eſt
dominant chez certaines perſonnes du ſexe. Brivas qui ſe comptoit des amis particuliers de Marmoiſan , ne pût s'empêcher de
lui en faire la guerre. Eſt-il poſſible , lui dit-il , qu'ayant l'eſprit
& le cœur ſi grands , tu puiſſes
entrer dans ces petiteſſes ? C'eſt
aſſurément pour t'en punir , que
le Ciel a voulu qu'on t'ait vû pluſieurs jours la réputation d'être
femme ; car je ne ſçai pas ſi cela
eſt venu juſqu'à toi : mais ce bruit
a couru un tems toute l'armée, &
de bonne foy tu le merites bien ;
car d'ordinaire ce n'eſt pas le défaut des hommes d'être ſi baga-
telliers. Marmoiſan rougit cruel-

lement, & voulut prouver que l'extrême propreté devoit être du goût des deux sexes : Mais Brivas soûtint toujours qu'un milieu raisonnable étoit seul loüable sur ce chapitre, & regarda cet entêtement dans Marmoisan comme une foiblesse mêlée à ses grandes qualitez.

Quelques jours après, comme on parloit chez le Prince du bruit qui avoit couru dans l'Armée touchant le sexe de Marmoisan, Brivas dit naïvement ce qu'il croyoit avoir donné lieu à ce bruit : il crût que d'autres auroient remarqué les propretez feminines de Marmoisan, & se mit à en parler en les excusant : car ce tems là differoit encore de celui-ci, sur un autre article que celui dont j'ai tantôt parlé. Les Dames, il est vrai, n'y buvoient pas beaucoup de vin de Champagne ni de ratafiat ; mais aussi

les hommes ne s'avisoient pas d'ê-
tre trois heures à leur toilette, à
mettre des essences & des poma-
des, & ne rencherissoient point
sur les plus celebres coquettes par
le nombre & l'extravagance de
leurs modes. Bien loin de cela,
on les méprisoit dès qu'on leur
voyoit des manieres qui approchoient le moins du monde de la
bagatelle. Ainsi Brivas employa
toute son éloquence à disculper
Marmoisan ; mais comme il étoit
aimé du Prince, & que tout ce
qui se trouva là de personnes
considerables étoient de ses amis
on lui passa ces défauts en faveur
de son merite.

Cependant le Prince & Genac
furent ravis de ce qu'ils venoient
d'entendre. Le Prince ne fût pas
plûtôt seul avec ce favori qu'il s'é-
cria : Genac, il n'en faut plus douter, Marmoisan est une fille, oüi,
c'en est une, & je sens que je l'aime.

rai toute ma vie. Que de beauté !
que de vertu ! que de douceur &
de courage tout enfemble ! Enfuite
il fit projet de chercher des moyens pour la convaincre de fon
fexe, à quelque prix que ce fût, &
peu de tems après, il crut en avoir
une occafion bien favorable.

Le commencement de l'Au-
tomne de cette année-là fût ex-
ceffivement chaud, & beaucoup
plus que ne l'avoit été le milieu
de l'Efté. Le Prince étant un
jour entouré de Genac, de Marmoifan, & de plufieurs autres
jeunes Seigneurs, propofa de s'aller tous baigner dans une belle Ri-
viére prochaine. Il étoit perfuadé
que Marmoifan étoit une fille &
une fille modefte, qui n'alloit pas
manquer de s'allarmer d'une telle
propofition, & chercheroit quelque pretexte pour s'excufer de
prendre le bain : mais il prétendoit l'en preffer fi fortement,

qu'elle feroit contrainte de lui
avoüer fon fexe. Cependant, il
fe trompa, Marmoifan donna
comme les autres dans ce qu'il
propofoit, quoique penetré de
douleur. Il voyoit bien, que s'il
refufoit ce parti il fe découvroit,
& fa modeftie le faifoit fremir
d'horreur en fongeant à quoi on
le vouloit expofer. Il fuivit donc
triftement cette troupe enjoüée,
& refolut de feindre un mal violent, quand il feroit fur le bord
de la riviere, fi quelque heureux
incident ne le délivroit point de
ce danger par le chemin.

On arrive, & l'on veut que
Marmoifan fe mette le premier
dans l'eau : il plaifante quelque
tems fur cette préférence ; enfuite il fe met à ôter bien lentement fon écharpe, fa cravate,
& les ajuftemens les plus fuper-
ficiels de fa parure ; puis il noüe
un ruban de mille nœuds en

feignant de le vouloir dénoüer.
Comme il étoit attentif à le dénoüer encore une fois, lui &
toute sa compagnie entendirent
une voix haute qui sembloit venir du milieu de l'air, & qui cria
trois fois d'un ton lugubre & touchant : *Marmoisan ! tu te bai-
gnes, & ton pere se meurt !* Toute
la troupe fût extrêmement surprise : On ne découvroit personne dans toute la plaine, & on
ne douta point que cette voix ne
fût surnaturelle. Marmoisan reprit ses ajustemens avec précipitation, & courut à sa tente pour
sçavoir s'il ne lui étoit point arrivé quelque Courier. On lui dit
qu'il n'en étoit point venu : cependant la partie de bain avoit
été rompuë ; tout le monde, jusqu'au Prince, avoit accompagné
Marmoisan ; & l'émotion qu'il
avoit euë lui donnant une petite
indisposition, il en feignit une

grande pour ſe débaraſſer de tous ces importuns.

Il ne fût pas plûtôt ſeul, qu'Ioland lui dit, qu'ayant entendu ſans être apperçûë la propoſition qu'on lui avoit faite d'aller baigner, elle avoit cherché dans tout ſon eſprit quelque moyen pour le tirer de ce pas dangereux, & qu'après s'être munie d'un cornet d'airain, elle l'avoit ſuivie de loin : qu'enfin elle avoit monté au faîte d'un arbre le plus haut; d'où elle avoit crié dans le cornet d'une voix lamentable les paroles qu'elle avoit entenduës. Marmoiſan, charmé de la preſence d'eſprit de ſon aimable ſœur, l'embraſſa mille fois, & toutes deux ſe divertirent bien de ce ſtratagême : mais la réfléxion qu'on tourmenteroit encore bien-tôt Marmoiſan par quelque autre épreuve, arrêta leur joye ; de ſorte que pour ſe mettre l'eſprit en re-

pos, comme il avoit affez fait
d'actions de valeur pour ne plus
laiffer douter de fon courage, il
refolut de faire le malade le refte
de la Campagne, afin de n'être
plus expofé aux bains ni aux autres difgraces.

J'ai oublié de dire, qu'ayant
gardé quelque tems la belle Pri-
fonniere avec toute la bienféance qu'on peut obferver dans un
Camp, il l'avoit enfin menée
dans une celebre Abbaye d'une
Ville prochaine, où il alloit fouvent la voir. Cette fille qui étoit
une Heritiére de grande qualité,
avoit perdu fon pere dans cette
guerre, & fes parens qui euffent
voulu la voir morte ou Religieufe, ne s'emprefferent point à la
venir dégager. Pendant que Marmoifan faifoit le malade, il pria
Genac, dont il connoiffoit la fageffe, d'aller quelquefois rendre
vifite à cette belle perfonne à fa

place , pour la confoler de fes
malheurs. Genac s'acquitta en
galant homme de cette commif-
fion ; & comme il vouloit fe défaire du penchant qu'il fentoit
pour Marmoifan, qu'il ne doutoit
plus qui ne fût une fille , il tâcha
d'en prendre un pour cette aimable Etrangere.

Enfin la Campagne finit , &
Marmoifan demande congé au
Prince pour aller voir fon pere ,
qui n'étoit point mort, quoiqu'en
eût dit la voix lugubre. Mais le
Prince ne voulut point lui donner
cette permiffion , & lui dit , que
le Roy charmé de fa valeur & de
tous les grands fervices qu'il lui
avoit rendus, vouloit lui marquer
fa reconnoiffance au milieu de la
Cour , en le comblant de bienfaits.

Cependant le Comte de Solac
auroit eu bien befoin de la pre-
fence de Marmoifan , pour être

confolé des chagrins terribles que lui avoient donné deux de fes filles. A peine Marmoifan avoit été party, que la joüeufe avoit recommencé à tourmenter fon pere plus que jamais pour en tirer des fommes immenfes, & le bon Seigneur qui aimoit la paix, lui avoit donné tout le bien qu'elle pouvoit prétendre de fa mere, pour en difpofer comme elle le jugeroit à propos, afin de n'être plus fatigué de fes éternelles demandes : Quand elle fût maîtreffe de ce bien, elle joüa avec tant de fureur & de malheur, qu'elle perdit tout fon fonds en fort peu de mois. Elle s'apperçut de fa folie, quand il ne fût plus tems de la reparer, & elle en eût tant de honte & de douleur, qu'elle s'alla jetter dans un Couvent, où elle prit l'habit de Religieufe.

La Coquette la fuivit bientôt. Son ridicule penchant pour la fleurette l'entraînant toujours dans quelque intrigue, elle eut une liaison qui fit du fracas, & qui la rendit la fable de tout le monde. Peut-être qu'elle étoit innocente ; mais enfin, fa reputation fût perduë, & quand dans le fonds elle eût été fort fage, fon imprudence & le peu de foin qu'elle avoit eu de fa gloire meritoient bien cette punition. Voyant que cet éclat la terniffoit pour jamais, outrée de défefpoir, elle fit comme la joüeufe, & alla à fon grand regret, prendre le voile dans le même lieu.

Il ne reftoit plus au Comte de Solac, que fa ridicule Prude, fauvage, bizarc, qui ne pouvoit vivre avec perfonne, avec qui perfonne ne pouvoit vivre, & qui n'étoit bonne qu'à chagriner fon pere à toutes les heures du jour: mais les vertus & les actions héroïques de Marmollan confoloient ce pere de tous les travers de ses autres enfans. Il étoit aussi fort content d'Ioland, & n'aspiroit qu'à revoir l'une & l'autre.

Elles n'en avoient pas moins d'envie : cependant il fallut aller à la Cour, où tout le monde regarda Marmoisan comme un prodige de valeur & de conduite. Le Roy le combla de caresses, d'honneurs, & de bienfaits. La Reine, qui ne perdoit point l'envie de former des partis dans l'Etat, fût fâchée de voir un jeune Seigneur de ce merite, si attaché au Prince son beau-fils, & résolut de prendre des mesures pour l'en détacher, & le mettre dans ses interêts. Ainsi par des vûës differentes Marmoisan fût gracieusé de tous côtez.

Quoique tous ces honneurs le flattassent agréablement, il n'en étoit pas moins empressé de quiter la Cour, où il trembloit toujours

jours d'être reconnu. Il avoit crû penetrer quels seroient les sentimens du Prince à son égard, s'il s'étoit avoüé fille ; & la bonne mine, l'esprit agréable, & les autres bonnes qualitez de ce jeune Prince ; le rendoient assez aimable pour être propre à inspirer un tendre retour. Nôtre Heroïne n'étoit pas insensible, mais elle sçavoit regner sur ses passions ; & quand elle faisoit réflexion à l'inégalité des conditions, elle se disoit que le Prince ne songeroit à elle que pour se faire un amusement. L'idée seule en mettoit sa fierté au supplice : Elle combattoit donc plus que jamais le penchant secret qu'elle avoit toujours senti pour lui, & ne pensoit qu'à l'aller oublier dans sa Province. Dans cette situation gênante elle attendoit impatiemment que le tems lui fournit quelque occasion de quitter la Cour

Z

avec bienféance, quand le Prince la mit d'un Tournois, dont tout ce qu'il y avoit de confideble à la Cour étoit.

Tout le monde mit en ufage fa magnificence, & fa galanterie, pour réüffir à fe donner une agréable parure : enfin le jour de l'étaler arriva ; il fût queftion de rompre des lances l'un contre l'autre, fuivant la mode de ce fiecle là. Marmoifan fit paroître fon adreffe plufieurs fois ; mais après avoir tant remporté d'honneurs dans ces combats de lances, l'homme le moins adroit de la Cour en rompit une contre lui, qui vola en divers éclats, dont un le bleffa fi fort & fi malheureufement, qu'il tomba évanoüi de deffus fon cheval.

Cet accident troubla toute la Fête : on emporta Marmoifan dans le Palais devant lequel fe faifoient ces jeux. Le Prince les

quitta, & courut près du lit où
l'on avoit mis Marmoiſan éva-
noüii. Comme on s'efforçoit de
le faire revenir, on apperçut du
ſang qui marquoit qu'il avoit été
bleſſé à l'eſtomac. On voulut voir
en quoi conſiſtoit cette bleſſure :
mais quel fût l'étonnement de
ceux qui étoient preſens, lors
qu'ils virent une gorge dont la
blancheur ébloüiſſoit & qui charmoit par ſa beauté ? Le Prince
ſaiſi à la fois de joye & de douleur, fit un cry qu'il ne fût pas
le maître de s'empêcher de faire,
quand Ioland entra dans la chambre. Elle n'avoit point été témoin
de l'accident de ſa ſœur ; car
dans ce moment elle étoit occupée à ſe préparer pour un Ballet,
qu'on devoit danſer le ſoir : lors
qu'elle vit ſa ſœur évanoüie, pleine de ſang, & ſon ſexe découvert, ce ſpectacle la mit dans un
déſeſpoir, où elle ne fût plus maî-

tresse de rien ménager. Ah ! ma chere sœur ! s'écria-t'elle, faut-il vous voir perdre vôtre secret & vôtre vie dans un vain divertissement, après que vous avez sçû conserver l'un & l'autre au milieu des plus affreux perils ! Ces paroles donnerent encore un nouvel éclaircissement au Prince.

Le bruit de cette avanture s'étant répandu en un instant dans le Palais, le Roy porta aussi-tôt ses pas vers la belle Guerriere blessée. La Cour le suivoit en foule, & contemploit avec d'avides regards une Amazone dans Marmoisan, qui cependant ne sortoit point de son évanoüissement, malgré tous les soins qu'on prenoit pour l'en tirer.

Le Roy qui témoignoit une consideration infinie pour cette charmante Heroïne, la recommanda fort à la Reine son Epouse, fit sortir la foule, & se retira.

La Reine, qui vit qu'elle étoit si longtems sans revenir à elle, la laissa entre les mains de ses femmes, & se retira aussi. Le Prince malgré son inquietude, fut obligé par la bienséance de s'arracher de ce lieu, & donna la main à la Reine jusqu'à son appartement : mais il ne fut pas long-tems sans retourner s'informer lui-même de la santé d'une personne qui lui étoit si chere. Il trouva Ioland auprès de Leonore sa sœur, toujours inconsolable de l'état où elle la voyoit. Elle crut qu'il n'étoit plus tems de rien déguiser au Prince ; & malgré sa douleur, elle lui conta avec beaucoup d'esprit les mesures que sa sœur avoit prises pour se bien ménager dans son déguisement, & faire ensorte qu'il fût enseveli dans un secret éternel, pour donner à son frere la gloire de toutes les actions de courage qu'elle avoit faites. Puis cette jeune personne ajoûta, que le zele hereditaire dans sa maison pour le Roy & pour le Prince, avoit pardessus toutes sortes de raisons engagé Leonore à prendre ce parti.

Enfin le sentiment lui revint, & on ne peut exprimer la confusion qu'elle eut en voyant le Prince auprès d'elle. Penetré d'admiration & de tendresse, il lui dit : Que vous nous avez donné d'allarmes, Madame ! il n'y a que la joye que nous aurons de vôtre santé qui les puisse égaler. Elle lui repondit d'une maniere aussi spirituelle , que modeste, quoi qu'il fut aisé de démêler qu'elle avoit du trouble dans l'ame. Ensuite le Prince la quitta pour la laisser en liberté.

Cependant toute la Cour ne retentissoit que du merite de Marmoisan devenu Leonore : on vantoit à l'envi sa valeur , sa vertu , la solidité de son esprit , l'agré-

ment de ses bons mots ; & l'on ne
pouvoit assez s'étonner de voir les
belles qualitez des deux sexes si
bien réünis en un même sujet.
Le bruit des loüanges qu'on donnoit à cette Heroïne raviſſoit le
Prince en secret, & le faiſoit de
nouveau s'applaudir de son choix :
Mais il étoit étrangement inquiet
de sçavoir comment il étoit dans
l'esprit de Leonore. Il alla le lendemain chez-elle, pour s'en
éclaircir le plûtôt qu'il lui fût
poſſible, & trouva Ioland dans
les habits de son sexe.

Leonore étoit dans son lit dans
la negligence d'une malade peu
attentive à sa parure ; mais malgré sa negligence & son abattement, elle paroiſſoit d'une beauté
admirable. Le Prince apprit que
la bleſſure que lui avoit fait la
lance n'étoit pas dangereuse, &
même ne seroit pas longue à guerir. Comme tout le monde s'étoit

éloigné par respect, il s'approcha d'elle, & lui dit tendrement : Qu'on seroit heureux, Madame, si toutes les blessures étoient aussi faciles à guerir que celle qui m'a fait verser des larmes pour vous ! mais il en est de plus dangereuses, dont je ressens les maux ; & cependant toute genereuse que vous êtes, je crains bien que vous n'ayez pas pour moy la sensibilité que j'ai euë pour vous, & que vous ne voyez ce qu'elles me font souffrir sans en être touchée. Leonore fort déconcertée de ce discours, répondit : Seigneur, le zéle & le respect que j'ai pour vous, me feront toujours prendre un interêt bien vif à tout ce qui vous regarde : mais il est de certaines blessures, qui consistent plus dans l'imagination qu'elles ne sont réelles, & que j'avouë en effet que je ne plaindrois pas. Le Prince ne voulant pas s'expliquer

à demi, lui dit en des termes auffi
paffionnez que galans, les pref-
fentimens qu'il avoit eu de fon
fexe, exagera les impreffions
qu'ils avoient faites dans fon ame,
& finit, en difant, qu'il feroit le
plus malheureux de tous les hommes, fi elle étoit infenfible à une
tendreffe qui dureroit autant que
fa vie. Leonore lui répondit,
qu'elle ofoit le faire fouvenir des
marques de fermeté qu'elle avoit
données, pour lui faire faire re-
flexion qu'elle n'étoit pas fujette
à bien des foibleffes, dont beaucoup d'autres femmes étoient ca-
pables ; & que pour éviter la plus
grande de toutes ces foibleffes,
elle ne partageroit jamais les fentimens qu'il venoit de lui témoigner, puifque l'intervalle de
leurs conditions empêchoit qu'elle y pût répondre fans bleffer fa
gloire. Vôtre feul merite, Madame, reprit le Prince avec impa-

tience, vous rend digne de remplir le Trône des premiers Souverains de l'Univers ; mais outre ce merite, je me dois à vous par mille raisons : les services éclatans que vous avez rendus à l'Etat, la vie que je tiens de vous, & ..... Vous exagerez trop ces foibles services, dit Leonore en l'interrompant ; mais quand ils seroient aussi grands que vous daignez le dire, le Roy vôtre pere n'aura pas..... Repondez-moi de vôtre cœur, interrompit le Prince à son tour, & je vous répons de l'agrément du Roy ; je sçai quelle est son estime pour vous, & sa bonté pour moy. L'arrivée de deux Princesses arrêta cette conversation.

Cependant le Prince courut rendre compte au Roy de la santé de Leonore : il fit un recit avantageux de la maniere dont elle soûtenoit le caractére de son

veritable fexe ; & le Roy la loüa
fans referve, remarquant l'excès
de joye que ces loüanges faifoient
paroître dans les yeux du Prince,
il dit en foûriant à un de fes Favoris, que Leonore avoit défar-
mé beaucoup de fes ennemis dans
fon habit d'homme ; mais que
dans fon habit de fille, elle avoit
enchaîné fon fils. Le jeune Prince rougit, & demeura interdit :
mais il fe raffura bien-tôt, & dit
au Roy, qu'il étoit vrai, qu'il
n'avoit pû refufer fon eftime à
tant de vertus, & fa tendreffe à
tant de charmes ; & il ajouta que
s'il daignoit approuver fon penchant , il fe trouveroit le plus
heureux des Princes, de fe voir
unis avec une Heroïne fi accomplie. Le Roy lui dit avec bonté,
qu'il ne s'oppofoit point à cette
inclination , & qu'il confentoit
qu'il l'époufât dès qu'elle feroit
guerie. Le Prince transporté de

joye, se jetta à ses pieds pour le remercier , & vola porter cette nouvelle à Leonore.

Dès que son sexe avoit été reconnu, toute la Cour fût pleine du bruit que le Prince en étoit charmé. Le Roy en fut aussi-tôt averti, & prit le parti au même moment de laisser agir le choix de son fils. La feuë Reine, mere de ce jeune Prince , étoit une Princesse étrangere , qui avoit toujours conservé une inclination si bizare pour sa patrie , & pour les Princes de sa Maison , qu'elle n'avoit jamais pris un sincere attachement pour le Roy son époux, ni même pour son fils , & avoit porté son étrange caprice jusqu'à trahir l'Etat. La seconde épouse du Roy étoit une Princesse d'un esprit inquiet & broüillon, qui vouloit absolument avoir part dans les affaires, quoique la petitesse de son esprit la rendit incapable d'en conduire aucune.

Elle formoit inceſſamment des cabales qui diviſoient toute la Cour, & ſe laiſſoit gouverner par des femmes d'un eſprit bas, & d'une condition obſcure, dont elle ſuivoit tous les moûvemens.

Le Roy fatigué des travers d'eſprit de ces deux Princeſſes, convaincu de l'inutilité des alliances étrangeres, & perſuadé du caractere élevé, tranquille, & raiſonnable de Leonore, ſe reſolut ſans peine à la voir devenir l'épouſe de ſon fils : d'autant plus que croyant ce jeune Prince aſſez facile à prendre les impreſſions de ceux qu'il conſideroit. Le Roy aimoit mieux qu'il s'abandonnât aux conſeils d'une épouſe cherie, dont tous les ſentimens ſembloient n'aſpirer qu'à la vertu, qu'à ceux de quelque Favory ambitieux.

Le Peuple qui avoit été charmé des belles actions de Marmoiſan, & tranſporté de joye, quand

il avoit sçû qu'elles venoient d'u-
ne fille, combla le Roy de bene-
dictions, pour le consentement
qu'il donnoit à ce mariage. La
Cour en parut ravie ; & le Marquis de Brivas, un des plus grands
Seigneurs du Royaume, le fut
doublement, obtenant pour épouse l'aimable Ioland, dont l'enjoüement l'avoit tant charmé dès
le tems qu'elle portoit l'habit de
Page. Le Comte de Genac épousa la belle Prisonniere, que le
merite & le bien rendoient un fort
grand parti. Leonore & le Prince goûterent ensemble pendant
une longue suite d'années tous
les agrémens que donne une heureuse fortune, accompagnée de
vertu : & cette Heroïne fut la
gloire & la consolation de son
pere, avec qui la folle Prude s'é-
toit enfin broüillée publiquement,
se rendant à son tour la fable de
tout le monde, en laissant voir ses
bizares caprices à découvert.

LE SORT CORRIGÉ

OU

L'AMOUR

VICTORIEUX

par la Lotterie.

HISTOIRE DU TEMS.

RIEN n'eſt mieux inventé que la Lotterie, c'eſt un moyen ingenieuſement imaginé pour mettre tout le monde ſur la route de la fortune. Après il ne s'agit plus que du hazard pour y faire arriver ; & en attendant que ſon pouvoir décide, on a toujours le plaiſir de promener ſon imagination ſur un doux avenir, qui remplit l'eſprit de flateuſes idées qui l'amuſent agréablement.

Mais ! ors que par d'heureux coups
du hazard, ces idées deviennent
des réalitez, on ne peut exprimer
la joye de ceux fur qui la fortune
a répandu fes faveurs, & ils en
font d'autant plus touchez, qu'ils
regardent les graces qu'elle leur
fait en cette occafion, comme
des gages de la félicité qu'elle
leur promet pour le refte de leur
vie. Tout le monde fe divertit
des plaifans effets que produit le
Sort dans cette efpece de jeu public : mais encore par deffus cela,
les Lotteries ont un tel don
pour faire naître des incidens extraordinaires, qu'il ne s'en paffe
guerés qui n'ayent ce deftin-là.
Voici l'hiftoire de quelques avantures fingulieres qu'a caufé la
derniere Lotterie qu'on a tirée.

Dans une des plus grandes
Villes du Royaume, fameufe par
la beauté de fon Port & par la
richeffe de fon Commerce, vi-

voit une jeune perfonne, qui par
fes agrémens & fon bien s'attiroit
beaucoup de prétendans. Elle n'a-
voit plus de pere ni de mere , &
étoit fille d'un Négociant, qui
lui avoit laiffé en mourant cinquante mille écus en fond, &
cent mille francs en argent comptant : & avec cela elle étoit héri-
tiere d'un Oncle qui s'enrichif-
foit journellement dans le Commerce , quoi qu'il poffedât déja
beaucoup plus de bien qu'elle n'en
avoit.

Cet Oncle aimoit cherement
Valentine , tel étoit le nom de la
Belle : car non feulement elle
avoit de la beauté , mais encore
elle étoit d'un caractere fi agréable , & d'une humeur fi douce &
fi enjoüée tout à la fois , que l'o-
pulent Vieillard ne fe pouvoit
paffer un feul jour de fa vûë.
Auffi la tenoit-il avec lui dans fa
maifon, de même qui fi elle eut
été fa propre fille.

Cependant malgré l'amitié qu'il avoit pour elle, comme il avoit de l'avarice dans l'ame & de la bizarerie dans l'esprit, elle ne laissoit pas d'avoir souvent à essuyer des chagrins de ses caprices. Mais où ils la firent le plus souffrir, ce fût dans une occasion d'où elle croyoit que dépendroit tout le bonheur de sa vie. Monsieur V ****, c'est ainsi qu'on nomme le riche Oncle que nous appellerons ici Monsieur Lamballe. Monsieur Lamballe donc, s'étoit mis en tête de ne marier sa Niéce qu'à un homme riche qui eut de l'argent comptant, & encore eut le talent de faire beaucoup valoir cet argent avec celui que lui porteroit Valentine.

Dans cette vuë il avoit reçû très-favorablement la demande que lui en avoit fait un certain Monsieur Redon, riche Negociant, qui faisoit incessamment

des gains immenses sur les Vaisseaux, & avoit beaucoup de sçavoir faire dans le Commerce.
Du reste Monsieur Redon étoit
l'homme du monde le plus mal
fait, & de la plus burlesque figure :
mais ce qu'il y avoit de pis, c'est
que la tournure de son esprit étoit
encore beaucoup plus désagréa-
ble que celle de sa personne. Il
étoit grossier, brusque, contra-
riant, insolemment moqueur ; &
la bonne fortune qui accompagnoit ses entreprises, lui avoit
donné une vanité si outrée, qu'il
rompoit la tête à tout le monde
de sa pretenduë habileté, & se
citoit sans cesse comme le plus
grand esprit & le plus éclairé du
Royaume.

On peut s'imaginer aisément
qu'avec un semblable caractére,
Monsieur Redon ne s'étoit pas
attiré la bienveillance de Valentine. Elle avoit assez de discerne-

ment pour n'être touchée que du vrai mérite, & avec ce difcernement elle avoit une noble ambition qui lui faifoit préferer la naiffance aux richeffes. Elle fe croyoit affez de bien pour mener une vie douce & commode avec un époux de condition ; & elle ne pouvoit voir fans douleur que fon Oncle la deftinât à un homme tel que Monfieur Redon, tandis qu'il y avoit tant d'honnêtes gens dans l'Epée & dans la Robe qui fe prefentoient pour elle. Cependant comme Monfieur Lamballe ne s'étoit expliqué qu'à demi avec elle au fujet de Monfieur Redon, elle n'étoit pas encore tout-à-fait en droit de fe plaindre, & tâchoit de fe confoler des bizareries de fon Oncle, par l'agréable converfation de Mademoifelle de Quernofi, qui étoit une fille de qualité, pleine de merite, mais fans aucun bien.

Cette Demoiselle & Valentine
étoient unies d'une amitié très
étroite, & n'avoient rien de caché
l'une pour l'autre. Valentine sçavoit donc que Quernofi étoit tendrement aimée du Chevalier de
L***, qui aussi ne lui étoit pas indifferent ; mais malgré leurs incli-
nations mutuelles leur tendresse
étoit malheureuse. Quoique le
Chevalier ne fût qu'un cadet, &
même partagé d'un bien assez mediocre, sa famille ne vouloit pas
qu'il épousât Quernofi , parce
qu'elle n'avoit rien du tout. Elle
étoit auprès d'une Tante, qui par
sa générofité la faifoit vivre en
fille de condition , & avoit mille égards pour elle. Mais cette
Tante , qui avoit des enfans ,
n'étoit pas en état de lui faire aucun avantage en la mariant. La
famille du Chevalier s'étoit ex-
pliquée, que si Quernofi avoit eu
feulement quinze ou vingt mille

francs en argent comptant, elle
ne se seroit point opposée au mariage de cette aimable fille avec
son jeune Amant, à qui cette
somme auroit été fort utile pour
le rétablissement d'une Terre qui
lui étoit de conséquence.

Valentine étoit informée de
cela ; & comme elle aimoit ten-
trement Quernosi, & avoit l'ame
genereuse, si elle n'avoit pas été
une mineure qui dépendoit d'un
Oncle fort avare, elle auroit
donné avec beaucoup de plaisir
quinze mille francs de son bien
pour faire le bonheur de son
amie : car alors elle n'avoit rien
de plus cher que Quernosi ; mais
l'amitié ne posseda pas longtems
la premiere place dans le cœur
de Valentine, bientôt il fallut
qu'elle se contentât de ia seconde.

L'Amant de Quernosi revint
dans la Ville où sa maîtresse faisoit son séjour, & amena avec lui

le Marquis de M * * * *, qui étoit dans le Service dès sa plus tendre jeunesse, & n'avoit point paru depuis longtems dans sa Province. Ce Marquis étoit jeune, bien fait, galant, avoit beaucoup de réputation dans les armes, & étoit d'une naissance très distinguée. Il vit Valentine, l'aima passionnément, lui rendit des soins ; & comme son esprit, sa figure & ses manieres étoient extrêmement propres à plaire, les soins qu'il rendit ne furent point des frais perdus, ils attirerent de la Belle le tendre retour d'une estime fort ardente. L'amitié qui unissoit ce jeune Marquis avec le Chevalier, lui avoit donné les moyens de mettre Quernosi dans ses interêts : elle avoit parlé si fortement pour lui à Valentine, qu'enfin cette belle fille avoit consenti à lui avoüer les sentimens obligeans qu'elle avoit pour lui.

Quand il eût reçû un aveu
si doux, il crut que pour devenir
entierement heureux, il ne s'a-
gissoit plus que de se rendre Monsieur Lamballe favorable. Il demanda à Valentine la permission
de lui aller expliquer l'ardeur avec
laquelle il aspiroit à son alliance.
Mais la Belle ne jugea pas à propos
qu'il allât lui même parler d'abord
à son Oncle, de crainte qu'il n'es-
suyât un refus en face, & elle
voulut qu'avant qu'il se presen-
tât, on fit sonder les sentimens
de Monsieur Lamballe par quelques-uns de ses amis. Car quoi
qu'il fût veritable que le Marquis
eut une naissance illustre, de belles Terres, & un poste distingué
dans l'armée, il étoit vrai aussi
que ce brave Officier n'étoit point
partagé d'argent comptant, &
Monsieur Lamballe paroissoit entêté de ne donner sa niéce qu'à
un homme qui en eût. Elle trembloit

bloit donc que le caprice de son
Oncle ne s'opposât à un mariage
que la tendresse & la gloire lui
faisoient également souhaiter : &
elle prit toutes les mesures qu'elle
crût les plus justes, pour faire prévenir Monsieur Lamballe avan-
tageusement en faveur du Marquis. Mais pour laisser agir toutes les personnes qu'elle vouloit
employer sur ce sujet, il falloit
que quelque tems s'écoulât, ce
qui ne s'accommodoit guéres avec
l'impatience d'un Amant aussi
passionné qu'étoit le Marquis.

Cependant il venoit tous les
jours chez la Tante de Quernosi.
Cette Dame qui vivoit en
femme de qualité, avoit toûjours
une fort bonne compagnie, dont
l'aimable Valentine & Mademoiselle de Quernosi faisoient le prin-
cipal ornement. Le Marquis &
le Chevalier y brilloient beaucoup aussi par leur esprit, & par

leur galante politeſſe, & s'atti-
roient la bienveillance de pluſieurs
Dames. Entre autres, une Vicomteſſe fort riche prit une grande inclination pour le Marquis.
C'étoit une veuve qui n'avoit ni
beauté ni jeuneſſe, mais elle faiſoit de certaines petites minauderies enfantines, qu'elle croyoit
propres à charmer tout le monde :
de plus, elle comptoit beaucoup ſur
l'opulence de ſa fortune. Elle ſçavoit que le Marquis avoit de grandes Terres & de magnifiques Châ-
teaux, mais elle n'ignoroit pas
que tout cela étoit en déſordre, &
elle ne doutoit pas que ce jeune
Cavalier, qui paroiſſoit aimer
beaucoup la dépenſe, ne fût ravi
d'épouſer une femme de qualité,
qui non ſeulement étoit maîtreſſe
d'un bien dont le revenu étoit
clair & fort conſiderable, mais
encore étoit en poſſeſſion de beaucoup d'argent comptant & de

pierreries. Sur ces idées, elle fit
diverses avances flateuses au Marquis, qui lui marquoit de grandes honnêtetez, mais qui feignoit
toujours de ne pas entendre ce
qu'elle vouloit qu'il entendit par
ses manieres prévenantes ; car elle ne pouvoit d'abord se resoudre
à s'expliquer par des paroles, &
elle attendoit de jour en jour que
le Marquis s'accoutumât à avoir
plus de comprehension. Cependant comme elle rendoit de fre-
quentes visites à la Tante de
Quernofi, chez qui cet Amant
& Valentine étoient si souvent,
sa presence leur étoit fort incommode, & ils se gênoient extrêmement pour ne pas lui laisser
prendre le moindre soupçon des
sentimens qu'ils avoient l'un pour
l'autre. Aussi réüssirent-ils parfaitement à les lui cacher. Mais
si elle ne s'apperçût point que Valentine lui enlevoit le cœur dont

elle vouloit prendre possession, elle fût plus clairvoyante à un autre égard.

Parmi la foule des personnes qui composoient le cercle de Mademoiselle de Quernosi, il y avoit une fille nommée Lucianne, qui n'étoit que Bourgeoise : son bien étoit aussi médiocre que sa condition, & sa beauté médiocre de même. Mais pour son esprit, il étoit beaucoup au dessous du médiocre : on le pouvoit mettre au rang des plus grossiers, & avec tout cela il ne laissoit pas d'être tout rempli de chimeres. Elle s'imaginoit qu'il étoit impossible qu'aucun homme la vit sans être passionnément amoureux d'elle, & croyoit follement que toutes les fêtes & les serenades qu'on donnoit à chacune des Belles de la Ville, étoient des galanteries détournées qui s'adressoient à elle, & dont par respect on n'osoit la

faire l'objet ouvertement. Avec
de semblables préventions, elle
ne douta pas un moment que le
Marquis de M * * * * ne brulât
d'amour pour ses charmes : mais
ce qu'il y eut de plus facheux pour
elle, ce fût que sur une fausse
idée elle prit une veritable passion ; car elle devint si folle du
Marquis, qu'elle ne pouvoit plus
vivre un jour sans le voir. Elle
redoubla donc ses assiduitez chez
Mademoiselle de Quernosi, &
cacha si mal les transports éva-
porez où la mettoient les moindres paroles & les moindres actions du Marquis, que la Vicomtesse comprit clairement qu'-
elle avoit en cette personne une
rivale très-enflammée. Elle la trouvoit si peu propre à plaire au Marquis, qu'elle ne s'allarma gueres de
sa concurrence; cependant le mépris qu'elle avoit pour la naissance & le caractere de Lucianne,

s'uniſſant à la haine qu'une femme paſſionnée prend toujours pour
une rivale, ſa preſence lui devint
ſi inſuportable, qu'elle lui diſoit
ſans ceſſe des choſes offenſantes,
& elles avoient tous les jours chez
Quernoſi des diſputes pleines d'aigreur qui finiſſoient ordinairement par une querelle. Valentine
& Quernoſi, qui avoit penetré les
ſentimens dont la Vicomteſſe &
Lucianne étoient preocupées pour
le Marquis, ſe divertiſſoient beaucoup du dépit jaloux qui animoit
ces deux rivales, & ne prenoient
pas de grands ſoins pour faire ceſ-
ſer leurs diſputes.

Malgré l'avarice & la bizarerie de Monſieur Lamballe, il
permettoit quelquefois que ſa Niéce eût de petites aſſemblées chez
elle. C'étoit Mademoiſelle de
Quernoſi & ſa ſocieté qui en
compoſoient la plus grande partie. Un jour que Valentine tenoit

une de ces petites Affemblées
dans fa chambre, la Vicomteffe
y vint de fort bonne heure, & fe
mit à parler avec beaucoup d'orgueil & d'exageration de fes richeffes & de fa magnificence. Quernofi étoit déja avec fon amie, &
toutes deux écoutoient avec affez
d'impatience les recits pleins d'of-
tentation de cette faftueufe coquette, lorfque Lucianne arriva.
Je fens, s'écria-t'elle en entrant,
la plus grande joye du monde,
dont il faut que je vous faffe part.
Un Aftrologue qui ne fe trompe
jamais à deviner l'avenir, & qui
m'a parlé avec la derniere exactitude fur tout ce qui m'eft arrivé
dans le paffé, vient de me prédire
que ce fera moi qui remporterai
le gros Lot de la Lotterie qu'on
va tirer à Paris. J'ai mis à cette
Lotterie, dit la Vicomteffe d'un
ton irrité, & je ne crois pas le
Sort affez aveugle pour répandra

ſes faveurs ſur des Bourgeoiſes, tandis qu'il peut les faire aller à des femmes de qualité. Je ne ſçai pas ſi le Sort eſt clairvoyant, repartit Luciane ; mais s'il l'étoit, il repandroit apparemment ſes dons plûtôt ſur le mérite que ſur la qualité : & cela étant, il y a des gens aſſez bien partagez de beauté & d'eſprit, pour avoir droit d'eſperer qu'il les favoriſeroit. S'il ne ſuffit pas, reprit la Vicomteſſe, de la qualité ſeule pour être heureux à la Lotterie, & qu'il ſoit encore queſtion de l'eſprit & de la beauté, on connoît des perſonnes qui peuvent aiſément ſe flater d'avoir le gros Lot, malgré quelques années qu'elles ont plus que de petites laiderons qui ſe croyent belles comme l'Amour : les traits reguliers de ces perſonnes de qualité, leur grace & leur air noble, effaceront facilement le leger éclat qui eſt l'unique

nique ornement de ces petites
Bourgeoises préfomptueufes.

Comme la Vicomteffe achevoit
ces mots, le Marquis & le Chevalier entrerent chez Valentine ;
Lucianne qui étoit fort aigrie de
ce que fa vieille rivale lui avoit dit
d'offenfant, reprit la converfation qu'on venoit d'interrompre,
& s'adreffant au Marquis avec un
fouris coquet, elle lui dit : je
ne fçai, Monfieur le Marquis, fi
vous ferez du fentiment de Madame la Vicomteffe, qui foûtient
que la qualité porte bonheur ;
mais je crois du moins que pour
la forte de bonheur de rendre un
cœur bien amoureux, vous déci-
derez que la beauté & la jeuneffe
y fçavent mieux parvenir que la
qualité. Valentine, qui trembloit
que fur cette queftion le Marquis ne répondit quelque galanterie qui fit découvrir les fentimens
qu'il avoit pour elle, ne lui laiffa

pas le loisir de repartir, & dit pré-
cipitament à Lucianne : Madame
la Vicomteſſe ne ſoûtient pas que
la qualité porte bonheur en tout,
elle avance ſeulement, qu'elle doit
rendre heureux à la Lotterie. Si
elle le doit, elle ne le fait pas, s'é-
cria, Quernoſi en riant ; car il eſt
fort ſeur que beaucoup de gens
de qualité avoient mis à la Lotterie de Poiſſy , cependant on
ſçait que c'eſt un homme de la
plus baſſe de toutes les conditions
qui a remporté le gros Lot de cette Lotterie. Ce que vous dites
eſt vrai, repartit la Vicomteſſe à
Quernoſi ; mais c'eſt juſtement à
cauſe de cela , que je ſuis perſuadée que ce ſera une perſonne de
qualité qui remportera le gros
Lot de la Lotterie dont il s'agit,
Le deſtin rougiſſant de la honteuſe
méprise qu'il a faite dans cette
Lotterie de Poiſſy, ſe déclarera
hautement dans celle-ci , pour le

merite & la qualité réünis enſem-
ble. Si le deſtin ſe pique aſſez
d'honneur pour avoir toutes ces
vûës là , s'écria bruſquement le
Chevalier, je fais déja compliment
ſur le gros Lot à l'aimable Mademoiſelle de Quernoſi , puiſque
perſonne ne lui a jamais diſputé
un mérite charmant & une naiſſance illuſtre.

L Vicomteſſe qui avoit prétendu ſe déſigner , quand elle
avoit parlé du mérite & de la
qualité réünis, fut très-mortifiée
quand elle vit l'application que le
Chevalier en faiſoit à Mademoiſelle de Quernoſi : néanmoins ſon
ridicule orgüeil n'en fût pas entierement déconcerté ; ainſi , elle
reprit : Tout le monde convient
en effet de la grande naiſſance &
des charmes de Mademoiſelle de
Quernoſi; mais cependant ce n'eſt
pas aſſez pour la croire deſtinée
à remporter le gros Lot ; pour

efperer raifonnablement ce bonheur , il faut être en train d'ê-
tre heureux d'ailleurs ; & l'on
fçait que jufqu'ici la fortune n'a
pas favorifé Mademoifelle de
Quernofi. Si une perfonne autant
accomplie que Mademoifelle de
Quernofi , dit Valentine , n'eft
pas auffi heureufe qu'elle merite
de l'être , c'eft Madame, une injuftice du deftin, dont , pour parler en vos termes , il doit rougir
de confufion , & dont fans doute
il tâchera de reparer la honte
par le prefent du gros Lot,& par
mille autres bienfaits. Celui d'ê-
tre fi fortement cherie d'une amie
auffi aimable & auffi tendre que
vous, dit le Marquis, eft déja
une grande marque de la faveur
du deftin pour Mademoifelle de
Quernofi, & doit lui être un gage afluré, qu'il la comblera un
jour de tous fes autres dons. En
bonne foy, dit Quernofi en fou-

riant , je vous fuis bien obligée de tous vos pronoftics favorables; mais cependant je ne compte fur aucun bonheur que fur l'amitié de ma chere Valentine , & je crains bien que quelque Cordonier à Brevet, ou quelque autre mortel, dont j'ignore la condition, ne vienne incivilement m'enlever le gros Lot, & je vous affure que je me trouverois beaucoup en bonheur , fi j'avois feulement un des Lots mediocres.

Comme ils en étoient là, Monfieur Redon parut à l'entrée de la Chambre : il avoit entendu les derniers mots du difcours de Mamoifelle de Quernofi, & il crut qu'il feroit du bel air de fe mêler tout d'un coup dans la converfation , fans faire aucun compliment à Valentine en entrant; il lui dit donc de fon ton de fat: parbleu, Mademoifelle, j'entens que vous autres parlez ici de la Lotte-

rie, je ne ſçai pas ce que vous en
dites ; mais je ſçai bien, moi, que
j'ai rêvé cette nuit que j'en avois
remporté le gros Lot, & toujours
tout ce que je rêve m'arrive. A
ces paroles Quernoſi s'éclata de
rire. Monſieur Redon en fut fort
ſcandaliſé, & lui dit d'un air in-
digné : comment Mademoiſelle,
eſt-ce que vous ne me trouvé pas
aſſez à vôtre gré pour meriter
cette chance-là ? à vôtre avis ?
eſt-ce que je ne ſuis pas aſſez heureux d'ordinaire ? & les gros biens
que j'ai ne ſont-ils pas autant un
effet de mon bonheur que de ma
prudence & de ma capacité. Je
vous aſſure, Monſieur Redon, répondit Quernoſi, que je ſuis perſuadée que vôtre richeſſe eſt entierement l'ouvrage de vôtre bonheur, & je ne ſonge point du tout
à diſputer ſur vôtre bonne fortune ; mais ce qui m'a fait rire,
c'eſt de voir combien tout le mon.

de eſt ingenieux à trouver des raiſons pour ſe flater d'avoir le gros Lot. Madame la Vicomteſſe croit qu'elle l'aura, parce qu'il lui ſemble qu'il doit aller à celle des perſonnes de qualité qui ſont en train d'être heureuſes ; Mademoiſelle Lucianne ne doute point qu'il ne lui vienne, puis qu'un ſçavant Aſtrologue lui en a fait la prédiction ; vous, vôtre ſonge, & par deſſus encore le bonheur qui vous eſt ordinaire, vous ſont des garans que vous remporterez ce Lot ſi ambitionné ; moy, comme une partie de la companie me le ſouhaite, parce qu'elle ſçait que j'en ai grand beſoin, elle fait des vœux obligeans en ma faveur, & eſpere que ces vœux ſeront écoutez : ainſi vous voyez que toutes ſortes de gens ſe croyent en droit de remporter le Gros Lot ; les uns, parce qu'ils ſont riches & heureux ; les autres,

à cause qu'ils sont sans bien &
malheureux ; enfin le Roturier
riche, le Noble indigent, l'Artisan miserable, chacun en particulier se dit que ce sera soy sans
doute que le Sort favorisera. Il
est avantageux que l'on ait cette
prévention ; car sans cela on ne
mettroit presque point aux Lotteries, qui sont cependant très uti-
les pour le Public. Par elles on
engage ingenieusement le Peuple
à contribuer aux frais de certains établissemens & de certains
édifices qui lui sont absolument
nécessaires; & par dessus cela on
trouve moyen d'enrichir un certain nombre de gens, qui souvent
sans ce favorable coup du Sort
seroient restez dans une indigence éternelle ; Mademoiselle de
Quernosi a grande raison, dit
Valentine, rien n'est plus joli
que l'usage des Lotteries, c'est
un innocent moyen de faire des

heureux, qui ne coûte rien à personne. Appellez-vous ne rien coûter à personne, s'écria Monsieur
Redon, quand tant de gens met-
tent leur argent sans retirer un
sol de profit ? Ce que l'on y met
incommode-t'il, répondit Valentine, on sacrifie à cet amusement
une legere somme que l'on auroit
mis sans cela à quelque autre plaisir. Oüi, repartit Monsieur Redon, j'ai pourtant mis à la Lotterie dont il s'agit deux bons Loüis
d'or, que je serois au désespoir de
me voir infructueux. Vous voilà
bien à plaindre, repliqua Valentine, quand vous contribuerez
deux Loüis pour former des Lots
à quelqu'un. Pour moi je déclare
que je serai ravie, que la somme
que j'y ai mise serve à cet usage.
Ne faites point tant la genereuse,
dit Monsieur Redon, je suis seur
que nous vous verrions bien aise
si vous aviez le gros Lot. J'en se-

rois transportée de joye, répondit Valentine ; car j'en ferois aussi-tôt present à ma chere Quernosi, & dès ce moment je prends toute la compagnie à témoin, que s'il me vient, il est à elle.

Dans cet instant, Lucianne qui étoit auprès du Marquis, lui dit tout bas : moy, je ne prends pas tant de témoins pour vous assurer que je ne destine pas ce gros Lot, qui sans doute me viendra, à me piquer de belle amitié : avec tout ce que j'ai déja de bien, je donnerai encore mes cinquante mille francs avec ma foy à un Cavalier qui par son merite, sa valeur, & sa grande naissance seroit digne de posseder tout le fonds de la Lotterie, fût-il de plus de deux millions : Marquis, ajouta-t-elle, fiez-vous à l'amour & à mon Astrologue. Le Marquis très sur-pris du discours de Lucianne, étoit fort embarrassé que lui ré-

pondre , lorfque par bonheur
pour lui , il entra une Dame qui
par fon abord fit lever tout le
monde. Le Marquis profita de ce
moment pour changer de place.
Cependant Monfieur Redon, qui
ne pouvoit pardonner à Valentine l'excès de fa générofité , remit
la converfation fur ce fujet, &
dit à la Dame qui venoit d'entrer : Madame, faites complimens
à Mademoifelle de Quernofi fur
cinquante mille francs dont Mademoifelle Valentine vient de lui
faire prefent. Le prefent n'eft
pas tout-à-fait réel, interrompit
Lucianne, car il n'eft pas bien
feur que Mademoifelle Valentine
remporte le gros Lot. Je n'en
fuis pas moins obligée, dit Quernofi , aux fentimens généreux de
Valentine : mais quoique je fois
penetrée à fon égard de la plus
vive reconnoiffance , je ne m'en
flate pas davantage, que ni elle ni

inci remportions le gros Lot ; &
je n'ai garde d'entreprendre de le
disputer contre vôtre prédiction
& contre le songe de Monsieur
Redon. Vous croyez rire, Mademoiselle, se récria le fantasque
Négociant ; mais je vous dis encore une fois que tout ce que je rêve m'arrive, & j'en suis si seur,
que je suis prêt à parier cinquante
Loüis contre vous, que je gagne-
rai ce gros Lot. Je ne m'embar-
que jamais dans les gageures, répondit Quernosi, cherchez quelque autre qui accepte vôtre défi.
Hé bien, reprit Monsieur Redon,
je gage mes cinquante Louis contre celui de la compagnie qui en
voudra hazarder autant. Ce sera
moy, s'écria promptement le
Chevalier ; nous mettrons chacun
nos cinquante Loüis entre les
mains de Madame la Vicomtesse ;
mais en même tems, Monsieur
Redon, il faudra que vous y

mettiez auffi le nom fous lequel
vous avez mis à la Lotterie. Fy
donc ! un nom, repartit Monfieur
Redon , il n'y a que les petits
Bourgeois qui mettent-là fous leur
nom , les gens comme moy y
prennent galamment une dévife.
Il n'importe pas , dit la Vicomteffe , d'un nom ou d'une dévife ,
remettez-moi feulement la vôtre
& vos cinquante Louis d'or ; le
Chevalier en fera autant des fiens,
& puis nous attendrons ce que le
hazard décidera. Oh ! mais , reprit Monfieur Redon , je veux
que nôtre marché foit par écrit.
Quoi, Monfieur, dit Valentine,
n'êtes vous pas fatisfait d'avoir
tant de perfonnes de probité &
de conditions pour témoins, fans
qu'il faille des compromis par
écrit pour vous affurer. Oüais !
Mademoifelle, répondit Monfieur
Redon, vous faites bien la géné-
reufe en tout ; mais j'ai bien peur

que vous ne vous trouviez pas toujours bonne Marchande de ces belles manieres-là. Mademoiselle Valentine, dit le Marquis, marque en toutes sortes d'occasions la droiture & la nobleſſe de ſon ame ; & il n'y a que ceux qui ne lui reſſemblent en rien qui puiſſe lui refuſer leur admiration. Mon Dieu, Monſieur le Marquis, repartit Monſieur Redon, ce n'eſt pas à vous que l'on s'adreſſe, j'ai peut-être de meilleures raiſons qu'on ne penſe, pour tâcher de porter Mademoiſelle Valentine au bon ménage ; & il lui eſt bien plus avantageux de croire les conſeils d'habiles gens qui roulent ſur l'or, que de ſuivre les dangereux exemples de certains Nobles ruinez, qui en voulant trancher des liberaux & des magnifiques, n'ont jamais un ſou. Il eſt de ces Nobles mal en argent comptant, repli-

qua le Marquis , qui pourroient
dès qu'ils en auroient la volonté,
rabatre le fot orgueil de certains
petits Négocians , dont la petite
cervelle a tourné dès qu'ils fe font
vûs quelques facs d'or. Monfieur
Redon , qui étoit encore plus pol-
tron qu'infolent, quoi qu'il le fût
beaucoup , ne répondit rien au
Marquis,de peur d'attirer quelque
difgrace fur fa perfonne , & fe leva en demandant de l'ancre & du
papier pour aller écrire le compromis qu'il vouloit remettre entre les mains de la Vicomtefſe.

Pendant qu'il écrivit dans le
cabinet de Valentine , on recom-
mença encore à parler de la Lotterie. Tout le monde fouhaitoit
ardemment que Monfieur Redon
perdit fa gageure ; car perfonne
ne renonçoit à l'efperance du gros
Lot. La Dame qui étoit entrée
la derniere,& qui fe nommoit Madame de Teroüelle , difoit qu'el-

le étoit perfuadée qu'il lui viendroit; parce que toute fa vie il
lui étoit toujours arrivé alterna-
tivement un malheur & un bonheur, que cela n'avoit jamais
manqué; & que comme la derniere chofe importante qui lui
étoit arrivée étoit un malheur
effroyable, elle étoit feure qu'elle
gagneroit le gros Lot, puis qu'il
étoit le tems où elle fe trouvoit
dans fon tour de bonheur. On
lui demanda quel étoit donc ce
grand malheur qui lui étoit arrivé
en dernier lieu. Elle ne voulut
point s'expliquer fur ce fujet; mais
toute la compagnie n'ignoroit pas
que ce malheur qu'elle difoit fi terrible, n'étoit néanmoins que l'infidelité d'un Amant, qui lui avoit
été enlevé par une jeune perfonne. Cependant comme cette Dame fe mit à s'entretenir avec la
Vicomteffe & Lucianne, cela
donna le tems au Marquis de
pouvoir

pouvoir dire quelques mots à Valentine; il lui parla de sa tendresse
dans les termes passionnez qui lui
étoient ordinaires : elle lui répondit gracieusement, puis elle ajouta : comme rien ne m'est plus cher
que Mademoiselle de Quernosi
& vous, ne soyez pas surpris de
ce que j'ai dit tantôt au sujet de
cette aimable Amie; je crois avoir
assez de bien pour vivre agréable-
blent avec un aussi honnête homme que vous, qui sçait borner son
ambition, & n'est pas un dissipa-
teur; ainsi donc, puisque je me
compte assez de richesses pour suf-
fire à nôtre propre bonheur, il est
naturel que s'il m'arrivoit un a-
vantage tel que le gros Lot, je le
destinasse à en faire le bonheur de
Mademoiselle de Quernosi & du
Chevalier, puisque ce sont deux
personnes que l'amitié rend si
cheres à vous & à moi. Je ne
sçaurois assez applaudir à la bonté

de vôtre cœur, répondit le Marquis, si mon amour pouvoit devenir plus grand, des sentimens si généreux l'augmenteroient encore; mais ma tendresse pour vous est parvenuë à un tel point, qu'elle ne sçauroit plus croître : cependant, ma charmante Demoiselle, je crains bien qu'une tendresse si vive & si parfaite ne soit malheureuse : Comment Monsieur Lamballe reçoit-il ce qu'on lui dit en ma faveur ? paroît-il encore entêté de ce brutal Négociant ? & mes feux.... Le Marquis ne pût continuer son discours. Dans ce moment Monsieur Redon rentra, en criant au Chevalier : Tenez, Monsieur le Chevalier, voilà vôtre marché tout dressé, nous n'avons plus qu'à signer tous deux. A ces mots, il remit le papier qu'il tenoit entre les mains du Chevalier. Les Dames voulurent qu'on en fit la lecture tout haut;

il étoit écrit dans les termes les plus ridicules du monde, & fatiguoit par mille repetitions inutiles, qui le rendoient d'une longueur insuportable; mais lorsqu'on fut à l'endroit qui marquoit la dévise que Monsieur Redon avoit prise à la Lotterie, on fut dédommagé de l'ennui qu'avoit donné cette fatiguante lecture, & toutes les Dames éclaterent de rire, quand elles entendirent qu'on trouvoit pour dévise sur les billets de monsieur Redon: *Au joli homme, beau génie.* Quernoti crût d'abord que c'étoit une malice du Chevalier qui étoit le Lecteur, elle le fit repeter; mais pour Valentine qui connoissoit mieux qu'un autre l'extravagant caractére de Redon, elle ne douta pas un moment que cette modeste dévise ne fût de sa façon. Dans cette persuasion elle lui dit : en verité, M^r. quand vous aurez gagné

le gros Lot, vôtre dévife infpi-
rera à tout le monde une violente
envie de vous connoître ; car il
eft affez rare de trouver un beau
génie dans un joli homme, &
l'affemblage de ces deux fortes
de mérite dans un même fujet,
donnera à tout le public, & prin-
cipalement aux Dames une grande curiofité à vôtre égard. Oh,
répondit, Monfieur Redon, je
ne me foucie pas de ce qu'on
penfera de moi à Paris, & dans
tout le refte de la France : ce
n'eft que pour nôtre Ville que
j'ai pris ma dévife, afin que lors
qu'on y lira la lifte générale des
gagnans, on me reconnoiffe tout
d'un coup ; car je fçai bien qu'on
dit ici de tous côtez, qu'il eft
étonnant de voir un jeune homme de l'air & de la figure dont
je fuis, avoir un auffi beau génie
pour bien conduire fa barque, &
amaffer autant de bien que je

fais. Ce n'eſt pas à vous, dit Quernoſi, qu'il faut loüanger de bien conduire vôtre barque : ce ſont les Pilotes des Vaiſſeaux ſur leſquels vous embarquez vos marchandiſes, & vous ne devez pas non plus vous remercier des amas de bien que vous faites, puiſque vous les devez à la valeur & à l'heureuſe deſtinée de nos braves Armateurs, qui ne ſemblent faire continuellement tant de priſes conſiderables que pour vous enrichir. Mon Dieu, Mademoiſelle, dit Valentine, n'ôtez point, je vous prie, à la prudente habileté de Monſieur Redon l'heureux ſuccès de ſes entrepriſes ; s'il ne mettoit point ſi à propos ſur les Vaiſſeaux, il ne retireroit pas à tous momens des profits immenſes. Il eſt vrai, ajouta le Chevalier, qu'on devroit ſe perſuader que Monſieur Redon ne doit ſes bons ſuccès qu'à ſon merveilleux Génie ; ce Génie lui indique en songe, quels sont les Vaisseaux destinez à faire de bien riches prises ; & de cette maniere il ne dépose son bien que sur ceux qui raportent plusieurs millions de leurs courses. La Vicomtesse, le Marquis, & les autres personnes de la compagnie dirent à Monsieur Redon diverses choses de ce caractére, dans lesquelles il se douta enfin qu'il pouvoit entrer de la moquerie : le soupçon qu'il en eut l'irrita fort, & le fit retirer en marmotant ; après néanmoins qu'il eut signé son traité de gageure, & qu'il l'eut laissé entre les mains de la Vicomtesse.

Quand il fut chez lui, ses réflexions lui firent conclure, que sans doute les gens qu'il venoit de quitter étoient de mauvais plaisans, & qu'assurément il n'y avoit dans toute leur compagnie

que la seule Valentine qui lui eut
parlé de bonne foy. Cette penfée
le rendit fi content d'elle, qu'il
lui pardonna la coupable prodi-
galité qu'elle avoit euë à l'égard
de Mademoifelle de Quernofi;
& il fe dit qu'il falloit l'excufer
fur fa grande jeuneffe : car fon
ame baffe & avare lui faifoit
regarder un mouvement fi noble & fi généreux, comme un
crime qui avoit befoin de pardon.

Cependant il alla prier Monfieur Lamballe de remplir l'efperance qu'il lui avoit donnée touchant le mariage de fa Niéce. Le
vieux Tuteur, que les amis du
Marquis n'avoient pû perfuader
en faveur de ce jeune Amant,
accorda à Monfieur Redon la
demande qu'il lui faifoit de Valentine, & fe chargea de prendre
jour avec elle pour figner un
Contract. Quand la pauvre fille

apprit cette fatale nouvelle, elle pensa mourir de chagrin : elle cacha pourtant sa douleur à son Oncle, & lui répondant avec beaucoup de soumission, qu'il étoit le maître de sa destinée, elle le pria seulement de differer son mariage de quelque tems. Il lui accorda ce délai avec assez de peine, & lui déclara qu'ensuite il prétendoit ne plus reculer cette cérémonie d'un seul jour. Valentine apprit au Marquis & à Quernosi le cruel destin qu'on lui préparoit : Cet Amant en ressentit un désespoir si violent, qu'il en perdit la raison ; & si Valentine & Quernosi ne l'eussent pas retenu, il se seroit porté à d'étranges extremitez : elles eurent même recours au Chevalier pour leur aider à calmer ses transports ; mais cet ami qui étoit jeune, vif, & aimoit ardemment le Marquis, se trouva plus disposé à seconder

ses

ſes emportemens qu'à les retenir.
Les deux Demoiſelles neanmoins
firent ſi bien qu'elles tirerent parole des deux Cavaliers, qu'ils
ne feroient aucun éclat : mais le
Marquis ne donna la ſienne, qu'en
declarant qu'il ne la tiendroit plus
ſi l'on en venoit juſqu'à vouloir
violenter la volonté de Valentine, pour lui faire épouſer Monſieur Redon, pour qui elle témoignoit une averſion inſurmon-
table. Valentine aſſura ſon A-
mant, qu'elle aimeroit mieux s'en-
ſevelir pour jamais dans un Couvent, plûtôt que de ſe donner à
cet indigne mortel ; puis elle ajouta, qu'il falloit tâcher à rompre
ce mariage par douceur, & ſans
commettre en rien ſa reputation.
Mais après qu'elle eût fait de
grands efforts pour inſpirer à ſon
Amant la moderation & l'eſperance, quand elle fut ſeule avec
Quernoſi, elle verſa tant de
Ii e

larmes, & s'abandonna à des agitations si douloureuses, qu'elle fut prise d'une fiévre violente qui la mit bien-tôt en danger.

Le Marquis désesperé de la maladie de sa Maîtresse, & de l'odieux mariage qui la menaçoit, ne passoit pas un seul moment du jour qu'il ne fût comme au suplice, & faisoit beaucoup de pitié au Comte de T * * * son Oncle, pour qui il n'avoit rien de caché. Ce Comte qui étoit un vieillard tout plein d'esprit, aimoit extrêmement son neveu ; & comme il n'avoit pas d'enfans, il le regardoit de même que s'il eût été son propre fils. Il étoit arrivé de ses Terres la veille du jour que Valentine étoit tombée malade ; ainsi au lieu de voir le Marquis dans cet agréable enjoüement qui faisoit le charme de toutes les sociétez, il le voyoit tourmenté par un désespoir terrible. Il fut informé

en détail de tout ce qui l'avoit
fait naître , & fçû par les amis
qui avoient parlé à Monfieur
Lamballe , que le manque d'argent comptant chez le Marquis ,
étoit la feule chofe qui avoit caufé le refus que ce riche Negociant avoit fait de fon alliance ,
dont il fe feroit d'ailleurs trouvé fort honoré. Si le Comte avoit
été mieux dans fes affaires ,
comme il étoit genereux , & que
fon neveu lui étoit fort cher ,
il lui auroit fait volontiers un pré-
fent confiderable en argent ; mais
l'Oncle, ainfi que le neveu, n'a-
voient tout leur bien qu'en fonds
de Terre, & n'avoient jamais fait
aucun amas d'or. Il ne pût donc
que plaindre le Marquis, & le confoler le mieux qu'il lui fût poffible. Pendant qu'il s'occupoit à
cet office, la grande jeuneffe tira
Valentine de danger , & elle fut
bien-tôt couvalefcente. Mais en

même temps que son Amant sentoit diminuer ses allarmes sur son mal, il les sentoit croître sur son mariage, & recommençoit à former mille desseins confus.

Un jour qu'il étoit enseveli dans ses profondes resveries, son Oncle qui revenoit de la Ville entra avec empressement dans sa chambre, & lui dit, en l'embrassant : Rejouissez vous mon neveu, je viens d'apprendre que vous avez gagné cinquante mille francs ; j'avois mis pour vous à la Lotterie de Paris, & l'on m'écrit que c'est vous qui avez remporté le gros Lot. Le Marquis en faisant mille remercimens à son Oncle, lui disoit que ce bonheur lui paroissoit si grand, qu'il avoit de la peine à se le persuader. Un secret présentiment, dit le Comte, m'avoit assuré que j'aurois le gros Lot, ou du moins un Lot considerable ; & comme

j'avois compté que je vous en-
gagerois à vous marier cette année, je vous destinois la moitié
de mon gain pour present de
nôces ; il faut que je vous avoüe
que d'abord j'avois destiné l'argent qui me viendroit de mes Lots
à faire un don à mon neveu le
Baron & à vous ; & comme son
nom étoit Simon, ainsi que le
vôtre est celui de Jude, j'en-
voyai à la Lotterie sous cette devise, *S. Simon S. Jude.* Mais la
mort ayant emporté bien-tôt
aprés le pauvre Baron, je resto-
lus que les Lots qui me vien-
droient seroient tous pour vous ;
j'en ay fait ma declaration il y
a plusieurs mois au Commandeur
de G * * *. & à trois autres de
mes amis, à qui je vais tout-
à-l'heure annoncer ce que vous
a produit vôtre heureuse étoile.
En effet, le Comte sortit au moment même, & alla raconter à

diverses personnes combien le Sort avoit favorisé son neveu.

On ne peut s'imaginer avec quelle rapidité cette nouvelle se répandit par toute la Ville. D'abord Monsieur Redon dit, que c'estoit un artifice du Chevalier pour lui faire perdre sa gageure ; mais il falut, malgré lui, qu'il convint de son malheur ; car le Comte n'étoit pas le seul qui eut reçû des lettres de Paris, plusieurs autres personnes en avoient eû, & toutes ces lettres marquoient que le gros Lot avoit été donné à la Devise dont il étoit question. Tout le monde s'empressa à aller faire des complimens au Comte & au Marquis, & Monsieur Lamballe ne fut pas des derniers à s'en acquitter. Le Marquis lui rendit bien promptement sa visite, & prit si bien son temps pour aller chez lui, que justement il étoit sorti. La con-

valefcence de Valentine lui per-
mettant de recevoir du monde,
le Marquis demanda à la voir;
il fut fi heureux, qu'il ne trouva
que Quernofi auprès d'elle. On
ne peut exprimer la joye que ces
Amants eurent de fe revoir après
tant d'alarmes, & le redoublement de plaifir qu'ils fentoient
pour le bonheur qui venoit d'a-
river au Marquis. Je vous affure, Mademoifelle, dit cet A-
mant à fa Maitreffe, que je ne fuis
fenfible à cette heureufe avanture que par l'efperance qu'elle me
donne de me rendre Monfieur
Lamballe favorable. Je vous jure,
lui répondit-elle, que ce n'eft
auffi que par raport à mon Oncle
que je m'en rejoüis; car pour moi
je puis vous protefter avec fincerité, qu'ayant la naiffance & le
merite que vous avez, je me ferois fait un plaifir de vous préferer à toute la terre, quand mê-

me la Fortune ne vous auroit partagé d'aucun bien, puisqu'il me sembloit que le mien, tel qu'il est, est suffisant pour mener une vie douce & tranquille avec un Epoux aussi sage que vous. Le Marquis répondit à Valentine avec toute la délicatesse d'un amant galant & passionné, ensuite ils conclurent tous, qu'il falloit au plûtôt parler de nouveau à Monsieur Lamballe, & tâcher de lui faire hâter leur union, de crainte que Monsieur Redon n'y vint encore mettre obstacle.

Valentine n'avoit pas encore achevé d'instruire le Marquis de la maniere dont il devoit agir, lorsqu'il entra chez elle une jeune personne de ses Amies, nommé Henriette, qui lui dit en l'embrassant: Ah! ma chere Demoiselle, que je suis transportée de joye, Monsieur Sandolet a gagné à la Lotterie un Lot de

quinze mille francs : mon Pere
qui lui avoit toujours refusé les
demandes qu'il avoit faites de
moi, vient d'arrêter nôtre mariage ; car Monsieur Sandolet met
ses quinze mille francs à acheter la Charge de M..... & ma
Mere qui peut tout auprés de
mon Pere, avoit juré qu'elle ne
consentiroit jamais à me marier
qu'à un homme qui eut cette
Charge : Quel plaisir, ajouta Hen-
riete, sans donner à Valentine
le loisir de répondre, de faire
désesperer Madame de Teroüelle,
qui s'imaginoit toûjours qu'elle
m'ôteroit Monsieur Sandolet, parce qu'elle est plus riche que moi,
& qu'il a autrefois fait quelque
espece de démonstration de l'aimer. Cette Madame de Teroüelle,
dont parloit Henriette, estoit celle
qui prétendoit gagner à la Lotterie, sur ce qu'elle avoit remarqué
qu'elle avoit toûjours alternative-
ment un malheur & un bonheur.

Comme tout le monde faisoit conpliment à Henriette, la Vicomtesse, Monsieur Redon & le Chevalier entrerent presque en même temps. Monsieur Redon laissoit voir un extravagant chagrin qui divertissoit beaucoup toute la compagnie : Vous voila bien aise, dit-il au Marquis, d'un ton douloureux, vous remportez des gros Lots, & puis vous faites encore gagner des cinquante Loüis à vos amis, & pour tout cela on ne vous donne pas seulement la peine de faire un souhait ; car Monsieur vôtre Oncle s'étoit bien gardé de dire ce qu'il avoit fait pour vous ; si je l'avois sçeu, je n'aurois pas fait la sottise de gager que j'aurois le gros Lot, je me serois trop defié de vôtre Diable d'ascendant. Il est vrai, repondit le Marquis, que mon Oncle ne m'avoit rien dit de la genereuse galanterie qu'il me vouloit faire.

Il ne vous avoit parlé de rien , dit la Vicomteſſe ; mais le Commandeur de G * * * & trois autres perſonnes m'ont conté aujourd'huy qu'il y a quatre mois que Monſieur le Comte de T * * * leur avoit dit , qu'il avoit mis à la Lotterie à vôtre intention ; il eſt vray qu'ils n'auroient pas eu le plaiſir de ſçavoir par d'autres que par lui quel auroit été vôtre ſort ; car il avoit oublié de leur apprendre ſous quelle Deviſe il avoit mis. Ah , maudite deviſe ! s'écria Monſieur Redon , qui m'ôte cinquante mille francs , & encore cinquante Loüis d'or. Vous eſtes bien étrange , dit Querno-ſi , & vous devriez bien , Monſieur Redon , ſuivre l'exemple de conſtance que je vous donne : Pour n'avoir pas le gros Lot , je n'en ſuis pas plus chagrine. Tandis que Monſieur Redon répondit quelque ſottiſe , le Chevalier

dit tout bas à Quernofi : Eft-il
Poffible , ma belle Demoifelle,
qu'après que j'ay lieu d'eftre fi
content de la fortune du côté
de l'amitié , je ne le ferai point
auffi un peu du côté de l'amour,
& fera-t'il dit que cette cruelle
fortune n'écoutera point les vœux
ardens que je fais en vôtre faveur. Valentine qui étoit auprès de Quernofi , entendit le
difcours du Chevalier , & répondit : Je ne fçay quoy me dit, que
vos vœux feront exaucez : Si
Mademoifelle de Quernofi n'a
pas eu le gros Lot, jefpere qu'elle
en aura quelqu'un des plus confiderables : nous ne fçavons pas
fon fort , & je me flate qu'il
fera bon ; mais fi mes préfenti-
mens fe trouvent faux , & qu'il
arrive que la fortune ne lui ren-
de pas juftice , je vous protefte
avec l'aveu du Marquis , que je
corrigeray la fortune. Le Cheva-

valier, ni Quernofi ne purent répondre à Valentine, le Comte
de T * * *, entra dans fa chambre, & la petite Henriette fe retira.

En préfence du Comte, la
Vicomteffe mit entre les mains
du Chevalier les cinquante. Loüis
qu'il avoit gagnez à Monfieur
Redon. Ce fantafque Negociant
fit cent lamentations fur fon malheur : mais il eut bien-tôt fujet
d'en faire encore davantage ; car
tous les amis de Monfieur Lamballe mis en mouvement par le
Comte, réprefenterent à cet intereffé Vieillard, qu'il ne pouvoit
plus refufer fa Niéce au Marquis, puifqu'un heureux Sort avoit
reparé le défaut d'argent comp-
tànt, qui étoit la feule caufe
pour laquelle il ne lui avoit pas
accordé. Monfieur Lamballe fe
rendit aux raifons qu'on lui alle-
gua, & un fameux Commerçant,

ami du Comte , s'offrit d'avancer les cinquante mille francs en
attendant qu'ils vinffent de Paris.
Monfieur Lamballe accepta cet
offre ; & malgré tous les refforts
que fit joüer Monfieur Redon ,
le Contrat fut figné , & le jour
pris pour le mariage. Comme
il n'eft feftin que d'avare, aprés
la fignature du Contrat Monfieur Lamballe donna un fouper
magnifique. On alloit bien-tôt fe
mettre à table , lorfque la Lifte
generale de ceux qui avoient gagnez à la Lotterie, arriva de Paris : Le Chevalier s'en faifit au
plus vîte , & en la lifant avec précipitation , & néanmoins exactement , il penfa expirer de joye,
quand il vit avec certitude que
Mademoifelle de Quernofi avoit
un Lot de quinze mille francs.
Cette Demoifelle ne pouvoit le
croire; mais elle fut convaincuë
par fes propres yeux. Une fi

bonne nouvelle redoubla encore beaucoup la belle humeur où se trouvoit la compagnie ; & quelques jours aprés, pour mettre le comble à leur joye, le Marquis épousa Valentine & le Chevalier Mademoiselle de Quernosi.

Peu de jours après leur mariage, le Comte se trouvant seul avec le Marquis & la Marquise, ces deux jeunes époux recommencerent à lui faire de nouveaux remercimens sur les diverses obligations qu'ils lui avoient. Vous m'êtes tous deux si chers, répondit-il, que je compte avoir fort peu fait pour vous. Cependant, mon Neveu, ajouta-t-il en s'adressant au Marquis, il est vray que vous m'avez moins d'obligation que vous ne pensez, & plus que vous ne pensez: Il n'est pas veritable que je vous aye fait present des cinquante mille francs du gros lot, car je ne l'ay pas remporté; j'avois

mis effectivement à la Lotterie
pour vous , mais ce n'étoit point
fous la devife qui a remporté les
cinquante mille francs, la mienne
n'a rien eu du tout. Dans le deffein de rendre vôtre amour victo-
rieux , je me fuis avifé de cet
innocent artifice pour tromper
Monfieur Lamballe qui étoit en-
tefté de ne vous point donner fa
Niéce, à moins que vous n'euffiez
de l'argent comptant , dont vous
n'avez néanmoins aucune affaire,
puifque vôtre époufe , outre fon
bien en fonds, a cent mille francs
en efpece,ces cent mille francs font
veritablement pour vous le gros
Lot redoublé ; mais pour vous le
redoubler encore d'une autre
forte , je vous ay fait une do-
nation en bonne forme de ma
Terre de R * * * , qui comme
vous fçavez vaut cent mille francs:
ainfi j'ay corrigé le Sort qui étoit
injufte à vôtre égard. Le Marquis

quis & son épouse très-surpris
rendirent milles grace au Comte
de sa generosité & de son heureuse adresse. Peu de temps après
Monsieur Lamballe sçut qu'il a-
voit été un peu pris pour dupe
dans cette affaire ; mais malgré
son humeur capricieuse, par un
heureux effet du hazard, il a pris
la chose en galant homme ; &
quoique le Marquis & la Marquise destinassent leur argent
comptant à d'autres usages qu'à
le faire valoir dans le commerce,
Monsieur Lamballe charmé des
manieres honnêtes que le Marquis
a pour lui, & des devoirs assi-
dus que lui rend Valentine, te-
moigne être très-content.

Il n'en est pas de même des
autres personnes qui prenoient
interest à ces deux jeunes époux.
Lucianne en faisant mille impré-
cations contre son Astrologue,
s'est allée jetter dans un Couvent,

ou elle a refolu de prendre le voile.
Monfieur Redon, en jurant qu'il
ne croira plus à fes refves, affure
qu'il ne penfera plus auffi à époufer des Bourgeoifes qui ne fçavent
pas connoître le merite, & protefte
qu'il veut faire la fortune d'une
fille de qualité. Pour la Vicomteffe,
elle eft outrée d'un dépit mortel de
voir que le mauvais goût du Marquis lui a fait préferer une perfonne fans naiffance à une femme de
fa qualité, & auffi riche que celle
qu'il a époufée, & dans fon indignation, elle a juré une haine im-
placable contre tous les hommes.
Mᵉ de Teroüelle moins emportée,
a pris plus facilement fon parti :
elle s'eft confolée de l'infidelité que
lui a fait Sandolet pour Henriette,
& a projetté de faire la fortune de
quelque jeune Officier, qui aimant
le jeu & la dorrure fera plus touché de l'argent que n'a été le trop
moderé Praticien.

LE PHANTÔME

AMOUREUX,

OU

LE FAUX REVENANT

Histoire du Temps.

UNe femme de condition, reſ-
tée veuve avec beaucoup
de bien, n'avoit qu'une fille unique,
dont elle faiſoit l'objet de tous
ſes ſoins. Quoique Madame de
Verigny, c'eſt ainſi qu'on nommoit cette Dame, n'euſt qu'un
eſprit très borné, elle fit fort
bien prendre à ſa fille les airs &
les manieres d'une fille de qualité. Avec cela, Mademoiſelle de

Ff ij

Verigny étoit d'une aimable figure. C'étoit une brune qui avoit
de grands yeux noirs, doux & lan-
guiſſans, qui ſembloient être faits
pour inſpirer la tendreſſe : elle
avoit le tour du viſage agréable,
le front & les ſourcils d'une beauté à ſe faire remarquer, le teint
vif & uni, & la taille, quoyque
mediocre, parfaitement bien priſe.

Outre les agréémens perſonnels
qu'avoit Mademoiſelle de Verigny, par ſon heureux naturel,
& par les ſoins de ſa mere, on
voyoit en elle des talens qui ſont
propres à faire briller une fille
dans le monde. Elle avoit la voix
très-gracieuſe, & chantoit fort
juſte ; elle accompagnoit du cla-
veſin trés-agreablement, & dan-
ſoit avec beaucoup de grace &
de legereté, Elle avoit de l'eſprit,
mais il étoit accompagné d'une
indolence qui la rendoit quelquefois une perſonne fort incommode;

& avec cela elle avoit une telle
inegalité dans l'humeur, que ce
qui la charmoit certains jours,
luy déplaisoit effroyablement
dans d'autres. Cependant comme
elle avoit de la beauté & des talens, elle ne laissoit pas de s'attirer beaucoup d'applaudissemens.

Dés qu'elle eut atteint le bel
âge, ses agrémens, & plus encore sa richesse luy attirerent une
foule de soûpirans. Elle aimoit à
en estre suivie, & à en écouter
les douceurs ; mais elle ne prenoit de solide attachement pour
aucun ; & quoyque parmi leur
troupe il y eut des partis qui luy
convenoient entierement, & que
sa mere eût bien souhaité qu'elle
se fût enfin déterminée pour
quelqu'un d'eux, elle ne pouvoit se résoudre à se fixer.

Lorsqu'on luy voyoit de nouveau quelque amant sortable, dont
les soins sembloient être ceux qu

étoient le plus en regne dans son esprit, on la pressoit de s'attacher serieusement à cet amant qui paroissoit ne luy pas déplaire. Alors les charmes de la nouveauté, qui parloient en faveur du prétendant en question, étoient cause qu'on tiroit d'elle un consentement pour son mariage. On prenoit donc jour pour signer un Contrat ; mais la veille de cette ceremonie la Belle ne manquoit point de se dégoûter de l'humeur du futur époux : elle luy trouvoit des défauts insupportables ; & si Madame de Verigny vouloit user de quelque autorité pour l'obliger à finir l'affaire projettée, elle versoit des torrens de larmes. Cette mere qui l'aimoit jusqu'à l'excès, n'avoit garde de la contraindre sur une chose aussi de consequence qu'est un engagement éternel ; & d'ailleurs comme sa fille étoit très-vertueuse,

elle n'avoit point de crainte à
avoir , finon celle que Mademoifelle de Verigny ne laiffât
paffer toutes les occafions de faire un bon choix , & puis ne fût
enfuite obligée fur le retour
d'accepter quelque époux in-
finiment inferieur à tous ceux
qu'elle avoit refufé. Cette crainte
avoit d'autant plus de fondement,
en ce que la beauté de Mademoifelle de Verigny ne paroiffoit
pas devoir être d'une longue du-
rée , parce que fa fanté étoit fi
délicate , que la moindre chofe
l'alteroit.

La Belle cependant ne fongeoit qu'à fe divertir ; mais fa délicateffe outrée à toutes fortes
d'égards , fon indolence dans
l'humeur , & l'inquiétude naturelle qu'elle avoit dans l'efprit ,
ne luy laiffoient trouver gueres de
plaifir dans les chofes qu'elle
avoit le plus ardemment défiré ,

& luy en faifoient fans ceffe fouhaiter d'autres. Quand elle étoit
à l'Opera, elle fe plaignoit que
le bruit de l'Orcheftre luy donnoit une migraine épouventable,
& regrettoit de n'avoir pas efté à
la Comedie, prendre, difoit-elle,
un plaifir bien plus tranquille; &
quand elle étoit à la Comedie,
elle fe recrioit, qu'il y avoit plus
de travail que de plaifir à fe trouver à un tel fpectacle ; que pour
parvenir à fuivre le fujet, il falloit être dans une attention con-
tinuelle , & qu'on fortoit de ce
lieu l'efprit épuifé par une telle
laffitude, qu'il en étoit comme
accablé ; mais que le Bal étoit
feul capable de bien réjoüir, puifqu'on y trouvoit une varieté d'objets, qui amufoient fans occuper:
mais lors qu'enfin elle étoit au
Bal , la foule & l'agitation qui
accompagnent d'ordinaire cette
forte de divertiffement, la faifoient
declamer

déclamer contre la fatigue qu'il cause, & dans ces momens elle soutenoit sans façon que les plaisirs de la Comedie & de l'Opera étoient de beaucoup à préferer à ceux que donnent ces assemblées tumultueuses.

Quelquefois au milieu de tous les divertissemens de Paris, elle souhaitoit avec ardeur ceux de la campagne : & lorsque pour la satisfaire on la menoit les prendre dans le plus beau séjour champêtre, elle s'y ennuyoit aussi-tôt, & avoit une impatience extrême de retourner à Paris, où les promenades, disoit-elle, étoient bien plus agreables : on la ramenoit dans cette grande Ville, on luy faisoit goûter ce les du Cours & des Tuilleries, où elle n'étoit guere long-temps, sans témoigner combien elle trouvoit ces promenades publiques un amusement insipide.

Gg

On avoit crû un temps que le jeu seroit son divertissement favori ; elle avoit paru y prendre un plaisir extrême, mais elle s'en étoit ensuite terriblement dégoutée. Elle demandoit comment on pouvoit se divertir d'une occupation inquiete, qui mettoit les passions les plus violentes en mouvement, & engageoit sans cesse à se broüiller d'une maniere bizare avec ses meilleurs amis.

Les personnes qui aimoient sincerement Mademoiselle de Verigny, ne combattoient point le dégoût qu'elle avoit pris pour le jeu ; au contraire, elles applaudissoient aux peintures peu avantageuses qu'elle faisoit de cette occupation si fatale au repos & à l'opulence des familles : elles lui donnerent permission de s'ennuyer de la vûe des cartes autant qu'elle le jugeroit à propos. mais elles s'aviserent de lui conseiller de se divertir quelquefois à la lecture: c'étoit justement à quoy elle n'avoit jamais pû se resoudre, elle ne comprenoit pas qu'on put trouver du goût à avoir, disoit-elle, une heure l'esprit tendu, pour se donner la peine d'entrer dans le sens d'un livre ou serieux, ou enjoué, quelque bon qu'il fût, & trouvoit l'amusement de lire encore le plus ennuyeux de tous.

Madame de Verigny qui étoit enchantée des agremens personnels de sa fille, idolâtroit tout en elle, jusqu'à ses défauts, elle étoit toujours occupée à trouver des raisons aux caprices de cette jeune personne, & prétendoit justifier l'inégalité de son humeur & ses ennuys mal fondez, par la délicatesse de sa santé, & par celle de son discernement. Il est vrai aussi qu'avec tous les defauts qu'on vient de marquer, Mademoiselle de Verigny ne laissoit pas d'être très

estimable à certains égards; car
elle avoit une grande droiture
dans le cœur, beaucoup de generosité dans l'ame, & cherissoit tendrement sa mere. Cette mere qui
étoit desolée de ses irresolutions
touchant un mariage, crut enfin
voir le moment où elles alloient
finir.

Un Gentihomme d'une ancienne noblesse; & Comte à bon titre
rendit à Mademoiselle de Verigny des soins qui parurent mieux
reçus que n'avoient encore été
ceux d'aucun de ses autres amans.
Ce jeune pretendant qu'on nommoit le Comte de saint Errard étoit
d'une figure fort agreable, avoit
de l'esprit, étoit trés galant; & s'enflama pour la Belle de l'ardeur
la plus violente: il entreprit l'atta-
que de son cœur dans les formes:
il poussa des soupirs, il debita des
douceurs : il temoigna des empressemens des plus vifs; & donna

des feftes magnifiques. Apres que
quelque tems fe fut écoulé dans
cette galante manœuvre , il parut
à faint Errard qu'il étoit fi bien
dans l'efprit de Mademoifelle de
Verigny , qu'il la demandât à fa
mere plein d'efperance de l'obtenir
de cette mere & d'elle même.

D'abord tout fembla repondre
aux agreables idées qu'il s'étoit for-
mées. Madame de Verigny reçeut
fa propofition avec joye. La naiffance , le merite , le bien , tout
parloit en faveur du Comte , &
quand la Dame témoignoit à fa
fille qu'elle fouhaitoit beaucoup
cette alliance ; la Belle foufcrivit
tout d'un coup à fes defirs. On
fongea donc à faire tous les préparatifs de la nôce , & cependant
faint Errard étoit dans des tranf-
ports de joye , qu'il feroit difficile
de decrire ; il aimoit Mademoifelle de Verigny , avec une paffion fi vive & fi ardente , qu'il re-

gardoit la douceur de paſſer ſa vie
avec elle comme le plus ſuprème
bonheur : mais cette jeune perſonne avoit marqué qu'elle étoit
ſi touchée des tendres empreſſemens de ce ſincere amant, & qui
paroiſſoit ſi contente d'entrer avec
lui dans un engagement éternel ,
ne laiſſa pas de lui faire bien-tôt
éprouver quel étoit l'aſcendant
de ſon caractere capricieux.

Un jour que ſaint Errard donnoit une Feſte dans la maiſon de
campagne d'une Dame, qui étoit
des amies de la Belle & des ſien-
nes , par l'imprudence d'un de ſes
Domeſtiques, & par l'aſſoupiſſan-
te yvreſſe d'un autre , cette Feſte
fut auſſi mince & d'auſſi mauvais
goût qu'elle auroit été magnifique & bien entenduë , ſi l'on avoit
executé les ordres qu'il avoit donnez. Saint Errard qui connoiſſoit
la delicateſſe de ſa maîtreſſe , ſur
les divertiſſemens, fut au deſeſpoir

de ce contretemps ; il trembla que cela ne fit un mauvais effet pour lui dans l'esprit de la Belle, & le chagrin qu'il en eut le porta à gronder beaucoup ses deux Domestiques coupables & même à les menacer de les punir plus rigoureusement que par des paroles d'aigreur.

Toutes ces choses se passoient loin des yeux de Mademoiselle de Verigny, mais une Dame qui croyoit faire la cour de saint Errard auprès d'elle, & l'excuser du mauvais succès de sa Feste, vint lui exagerer avec quelle vivacité son amant querelloit ses gens. Elle voulut aller juger par elle même de quelle maniere il témoignoit le zele qu'il avoit à la divertir. Elle se transporta donc avec la Dame qui lui parloit, à la porte d'une salle où cet amant passionné qui se croyoit sans témoins, exaloit naturellement le chagrin que lui cau-

Gg iiij

soit la crainte d'avoir déplû à ce qu'il aimoit. Il grondoit, mena-çoit & disoit quelquefois certai-nes choses assez hors de propos comme fait ordinairement un jeu-ne homme en colere. Une autre personne que la belle auroit cher-ché à calmer au plus viste ce pe-tit emportement, & seroit entrée avec son amie pour tourner tout cela en plaisanterie, mais son hu-meur capricieuse lui fit prendre la chose d'une maniere tout dif-ferente. Elle s'allarma bien seri-eusement de la colere du Comte qui fut cependant si tôt ralentie, qu'après quelques instans, il entra dans un cabinet, qui donnoit dans la salle où il étoit, & se mit à lire aussi tranquillement, que s'il n'a-voit jamais eu la moindre émotion.

Mademoiselle de Verigny, qui s'étoit retirée dès qu'elle ne l'avoit plus entendu parler, étoit cepen-dant retournée dans sa chambre, où elle declamoit terriblement avec son amie sur ce que saint Errard avoit dit d'empoxté ; elle se recrioit que cela ne pouvoit venir, que d'un homme violent qui ne se posledoit pas, & ajoutoit qu'on seroit bien malheureuse d'avoir à passer sa vie avec un époux de cette humeur. Son amie avoit beau lui representer que la colere de saint Errard étoit bien fondée, & ne lui avoit même rien fait dire d'outré : elle avoit beau lui repeter, que loin de blâmer cette colere dans un Gentilhomme naturellement très-doux, elle devoit lui tenir compte de tout ce que son chagrin lui faisoit dire d'un peu aigre, puisque ce chagrin ne naissoit que de la crainte qu'il avoit qu'elle ne fût pas contente de ses soins. Toutes les raisons de la Dame, ne firent aucunes impressions sur l'esprit de Mademoiselle de Veriguy, elle passa la nuit â se fortifier dans le dessein de refuser saint Errard pour époux. Elle s'en expliqua le lendemain à sa mere, & lui exposa les prétendues raisons qu'elle avoit de la prier de rompre ce mariage Madame de Verigny fit tous ses efforts pour la guerir de ses craintes, & pour la porter à n'en point venir à une rupture sur de si petits sujets, avec un Cavalier si estimable & si plein de tendresse pour elle. Sa mere perdit son tems, ainsi qu'avoit fait son amie & comme elle vit que cette mere lui parloit d'un ton un peu absolu, elle sçeut à son ordinaire se servir du secours de ses larmes, & aussi tôt la bonne Madame de Verigny se resolut à remercier le pauvre saint Errard, ce qu'elle fit cependant avec le plus d'honnêteté qu'il lui fut possible.

Mais malgré toutes les précautions qu'on prit pour lui adoucir cette amertume, l'amour violent qu'il avoit pour Mademoiselle de Verigny, & la joye infinie qu'il s'étoit fait d'être à elle, lui firent sentir une si vive douleur de la perdre, qu'il en pensât expirer : & comme il falloit renoncer au plaisir de la voir, aussi bien qu'à l'esperance de la posseder, il lui parut qu'il ne pouvoit plus vivre dans les mêmes lieux qu'elle habitoit, ainsi conseillé seulement par son désespoir, & sans en avertir ni sa famille ni ses amis, il quitta la France, & s'en alla prendre parti dans le service des Venitiens, parce qu'alors, sur la foy du Traité de Risvick, la France contente de ses lauriers avoit cessé de s'occuper de la guerre. L'état douloureux où étoit saint Errard lui faisoit souhaiter de trouver la mort dans les Armées de la Republique qu'il alloit servir ; en effet après avoir acquis en très peu de temps beaucoup de reputation, comme il combattoit en homme qui n'a aucun amour pour la vie, il trouva enfin dès fa premiere Campagne une mort glorieufe.

Quand la nouvelle de cette mort parvint jufqu'à Mademoifelle de Verigny on ne peut exprimer la douleur qu'elle en reffentit, elle avoit déja regretté plus d'une fois la préfence de faint Errard, & s'êtoit bien repentie d'avoir traité fi durement un amant fi tendre & fi aimable, mais comme elle étoit glorieufe elle avoit caché fon repentir, de peur qu'on ne fe mocquât de l'inegalité de fes fentimens. Mais lors qu'elle apprit la mort de ce malheureux amant, elle n'eût plus la force de rien menager, elle répandit des torrens de larmes, & fe reprocha cent fois d'être la caufe de la trifte deftinée de ce Comte infortuné.

Comme elle n'avoit pas un esprit facile à gouverner, elle ne voulut recevoir aucune consolation, & elle se preparoit à se retirer secrettement dans un Couvent pour y prendre l'habit, & consacrer pour jamais ses jours dans ce pieux azile, lors que sa mere apprit son dessein. Elle en arresta l'éxécution en la gardant à vûë; mais si elle l'empêcha de renoncer tout-à-fait au monde, elle ne pût jamais lui en faire reprendre le goût. La Belle ne fut plus touchée d'aucuns des plaisirs après lesquels elle aspiroit tant autrefois, rien ne la divertissoit un seul moment, elle avoit sans cesse l'idée de saint Errard presente à l'esprit, elle y pensoit tout le jour, & la nuit dès que le sommeil avoit fermé ses paupieres, les songes s'offroient à son imagination.

Elle déclara à sa mere, que puisqu'elle n'avoit pas voulû lui

permettre d'aller s'enfermer dans
un Couvent pour y pleurer ce
malheureux amant le reste de ses
jours, elle soûtiendroit du moins
la resolution qu'elle avoit prise de
ne jamais donner sa foy à un
autre. Madame de Verigny qui
aimoit toujours sa fille avec la même ardeur, ne vouloit pas combattre sa resolution directement.
Elle se trouvoit assez heureuse d'a-
voir pû seulement empêcher qu'elle ne prit un voile, & esperoit
qu'avec le tems elle reprendroit
ses amusemens ordinaires, & se
resoudroit enfin à s'engager selon
ses souhaits dans un mariage. Mais
cette mere fut bien surprise,
quand elle vit sa fille persister
plusieurs années dans le même
genre de vie, & s'obstiner à ne
point écouter tous les partis qui se
présentoient pour elle.

L'exemple de tant de prétendans rebutez, & la connoissance

qu'on eut de la situation d'esprit
de Mademoiselle de Verigny,
dégoûterent tous ceux qui avoient
dessein d'aspirer à son mariage,
& assez de temps s'écoula sans
qu'il se présentât de nouveau aucun soûpirant. Enfin un jeune
Marquis bien fait, spirituel, &
enjoüé, la vit chez une Dame de
ses amies, il fut si frappé de ses
attraits, que s'interessant tout
d'abord pour une personne qui
lui parût si charmante, il s'in-
forma béaucoup de sa destinée. Il
ne lui étoit plus resté de la mort
de son amant qu'une certaine,
douleur tranquille qui n'empêchoit pas ses agrémens de briller, ainsi on les voyoit dans tout
leur éclat, quoyqu'il fût vrai qu'elle
avoit un air de langueur répandu
dans toute sa personne, mais cet
air ne deroboit rien à sa beauté &
sembloit au contraire ne la rendre
que plus touchante. Cependant

cette belle fille avoit toujours saint Errard dans l'esprit, & comme elle étoit dans une étroite liaison avec la Dame chez qui le Marquis l'avoit trouvé ce jour là - même , elle avoit raconté à cette amie un songe fort circonstancié qui lui avoit représenté l'image de saint Errard couvert de blessures , & lui reprochant sa mort. Mademoiselle de Verigny avoit fait si peu de misteres des larmes qu'elle avoit données à la memoire de cet amant infortuné , que tout le Public en avoit été instruit. L'amie de cette aimable personne crut donc qu'elle ne devoit pas faire un secret de son histoire au Marquis , qui lui faisoit tant de questions sur son sujet. Dès qu'elle fut sortie, la Dame apres avoir exageré à ce jeune Gentilhomme le merite , la naissance & les grands biens de Mademoiselle de Verigny , lui
fit

fit un détail de tous ses sentimens
touchant saint Errard, lui raconta
la ferme resolution qu'elle avoit
prise de renoncer au mariage,
lui fit une peinture du rang & des
belles qualitez des prétendans
qu'elle avoit refusez depuis la
mort de saint Errard, qui seul occupoit tout son cœur ; & comme
cette Dame ne haïssoit pas à parler, elle fit même au Marquis le
recit du songe que Mademoiselle
de Verigny venoit de lui raconter.
Les particularitez qu'elle apprit au
Marquis du sort de cette belle me-
lancolique, lui donnerent une curiosité piquante pour tout ce qui la
regardoit. Il trouva moyen de la
voir plusieurs fois, & la trouvant
toujours de plus en plus charmante, il en devint passionement
amoureux. Les difficultez ne l'é-
pouvanterent point, au contraire
plus Mademoiselle de Verigny
avoit rebuté d'amans, plus il lui
H h

paroiſſoit glorieux de parvenir à
être l'heureux mortel qui lui feroit renoncer à ſa douleur & à ſes
reſolutions. Il employa donc toutes ſortes de ſoins pour tâcher de
paroître aimable à ſes yeux , pour
acquerir la bienveillance de ſa mere , & pour mettre ſon amie dans
ſes intereſts. Il reüſſit à l'égard de
la mere & de l'amie ; mais pour la
belle elle reſtoit toujours inflexi-
ble. Quand le Marquis vit que
malgré ſes vifs empreſſemens , il
ne faiſoit aucuns progrez ſur ſon
cœur , il ne douta point que s'il
venoit à ſe déclarer à elle & à
la demander à ſa mere, il ne fut
refuſé ; ainſi que l'avoient été
ceux qui l'avoient précedé dans
ſon deſſein : mais pour n'avoir pas
une deſtinée ſemblable , il s'aviſa
d'un moien qui lui reüſſit.

Mademoiſelle de Verigny avoit
aupres d'elle une Femme de chambre vive & alerte qui s'ennuyoit

beaucoup de voir ſa Maîtreſſe faire
ſi long-temps l'Artemiſe ſans avoir
eu de Mauſole : cette fille éroit
entierement devoüée au Marquis,
& comme il entendoit parler tous
les jours des ſonges tenebreux de
Mademoiſelle de Verigny, cela
lui donna l'idée d'un projet qu'il
executa par le ſecours de cette
confidente.

Avant que d'en venir à l'éxecution de ce deſſein, il donna à
Mademoiſelle de Verigny toutes
les marques de tendreſſe qu'un
amant galant & reſpectueux peut
donner, excepté qu'il ne s'expliqua
point par des paroles. Enſuite, il
la demanda à ſa mere qui reçeut
d'abord fort bien ſa propoſition,
mais qui ne manqua pas de le refuſer apres à la priere de ſa fille,
ainſi qu'il l'avoit prevû. Alors il fit
joüer les reſſorts qu'il avoit con-
certez avec la Femme de chambre.

Il avoit eu ſoin de ſe munir d'une Trompette d'Angleterre, qu'on nomme autrement *Porte Voix*, qui fut d'un son propre à l'éxecution de l'entreprise qu'il avoit projettée : il avoit fait faire une lanterne magique ; dans laquelle on avoit peint saint Errard, pâle, defiguré, & couvert de sang. On avoit placé ensuite le Portrait du Marquis avec tous les agrémens qui le pouvoient faire briller, mais cependañ très ressemblant.

Cet ingenieux & peu delicat amant instruisit la Femme de chambre de la maniere dont il falloit mettre ces peintures en œuvre, & des que la Belle fut ensevelie dans un profond sommeil, cette confidente, qui avoit trouvé moyen de faire aller bien directement le son de l'artificieuse Trompette dans la chambre de sa Maîtresse, se mit à crier fort distinctement & d'un ton épouvantable ; *Reveillez-vous*

Cruelle , qui avez caufé la mort du plus fidele amant qui eût jamais été. Mademoiſelle de Verigny ſe reveilla en ſurſault à cette voix terrible , & alors elle vit ſaint Errard dans ſa chambre couvert de ſang comme on l'a marqué. Vous m'avez fait mourir , lui cria-t'il , avec le même ſon de voix qui l'avoit éveillée; mais puiſque l'innocence de ma vie me fait être dans un heureux état après ma mort , je vous la pardonnerai de bon cœur ; & je ne vous troubleray plus par ma préſence , ſi vous déferez avec ſoumiſſion à ce que je vais vous preſcrire. Aprés ces mots le Spectre ſe tût, mais Mademoiſelle de Verigny , qui étoit à demi morte de frayeur , ne pouvoit trouver de paroles pour lui répondre , enfin ſe faiſant un effort, elle l'aſſura d'une voix tremblante qu'elle lui obeïroit exactement en tout ce qu'il lui ordonneroit. Alors

le Spectre lui montra la figure du
Marquis : Regardes, lui dit-il, cet
amant : tu l'as reduit au défefpoir
& fi tu perfiftes à refufer fa foy,
fon défefpoir aura des fuites auffi
funeftes que le mien : tu feras
caufe de fa mort, ainfi que tu l'as
été de la mienne ; & fans ceffe
nos deux Ombres t'obfederont
en quelque lieu que tu fois : pre-
viens donc le malheur qui te me-
nace, époufes au plûtôt un amant
fi tendre, & qui a été mon meilleur ami ; c'eft un refte de bienveillance que je conferve encore
pour toy, qui me fait te donner
cet avis charitable ; profites-en.
Ayant achevé ces mots, le Spectre de faint Errard, la figure
du Marquis ; la brillante lueur
qui éclairoit la chambre ; tout
enfin difparut, & Mademoifelle
de Verigny refta dans un étonnement & une frayeur plus facile à concevoir qu'à décrire.

Quand elle eut repris quelque espece de fermeté, elle appella sa Femme de chambre, qui couchoit dans une Garde-Robbe tout proche d'elle. La friponne qui ne dormoit pas, & qui avoit bien caché tous les prétendus Spectres, fut bien-tôt auprès de sa Maîtresse, qui lui raconta avec une frayeur mortelle, le songe qu'elle avoit crû faire. La Femme de chambre disoit qu'il ne falloit pas ajouter de foy aux songes, la belle répondoit, que bien loin de pouvoir dire au juste que ç'en étoit un qui l'avoit tant frappée ; si elle ne craignoit pas qu'on la traitât de visionnaire, elle soutiendroit qu'elle étoit bien éveillée, quand elle avoit eu un si étrange spectacle.

Les idées qu'il lui avoit laissées dans l'esprit, la mirent dans une telle agitation, qu'elle troublât le sommeil de toute sa maison, & re-

veilla même fa mere, qui courût
dans fa chambre, croyant qu'elle fe
trouvoit mal. Elle lui raconta auffi-tôt le fonge merveilleux qui lui
avoit tant troublé l'imagination.
Madame de Verigny qui n'avoit
pas un genie fuperieur aux fuper-
ftitions, dit qu'apparemment c'é-
toit un avertiffement du Ciel,
pour la porter à époufer le Marquis. La Belle eut beaucoup de
difpofition à croire ce que lui difoit fa mere, & quelques jours
àprès la Dame leur amie com-
mune, étant revenuë encore de
nouveau parler à Madame & à
Mademoifelle de Verigny en faveur de ce jeune Amant, la belle fans marquer fe rendre tout-à-
fait à fes vœux, confentit à recevoir fa vifite. Dans la converfation
qu'ils eurent enfemble, elle lui
demanda adroitement, s'il n'avoit
jamais connu faint Errard, il lui
répondit qu'il avoit été fon plus

cher

cher amy ; mais qu'il n'avoit jamais osé luy en parler, de crainte de renouveller ses douleurs au sujet de ce malheureux Comte.

Après cet éclaircissement, Mademoiselle de Verigny ne douta plus un moment que le songe qu'elle avoit eu ne fût surnaturelle ; & pour n'avoir pas éternellement deux spectres attachez à ses pas, elle declara à sa mere, & à son amie, qu'elle estoit prête à recevoir la main du Marquis. Cet Amant passionné l'épousa avec d'extrêmes transports de joye ; & comme ils se convenoient tous deux pour la naissance, le bien & l'âge, & que la Belle estoit beaucoup corrigée de ses caprices, on a vû que le stratagême qui a causé leur union a esté favorable à l'un & à l'autre ; car leur mariage qu'on a trouvé si bien assorti, a esté aussi trés-heureux.

F I N.

I i

CATALOGUE DES LIVRES
qui se vendent chez le même Libraire.

Passe-temps joyeux, Contes à rire & Gasconades nouvelles, *in 12.*   1 l. 15 s.

Memoire de M. de Thou, *in 12.*   2 l.

Abramulé ou l'Histoire du Détrônement de Mahomet IV. *in 12.*   2 l. 10 s.

Ceremonies & Coutumes qui s'observent aujourd'huy parmi les Juifs, traduite de l'Italien de Leon de Modene, Rabin de Venise, troisiéme Edition augmentée par M. de Simonville, *in 12.*   2 l. 10 s.

La Concordance des Propheties de Nostradamus, avec l'Histoire depuis Henry II. jusqu'à Loüis le Grand, la vie & l'Apologie de cet Auteur, ensemble plusieurs explications, tant sur le present que sur l'avenir, *in 12.*   2 l. 5 s.

Explication Historique des Fables, où l'on découvre leur Origine & leur Conformité, avec l'Histoire ancienne, *in 12.* 3. *vol.*   7 l. 10 s.

L'Ambassadeur & ses Fonctions, par M. de Vuicquefort, derniere Edition, Hollande, *in 4.* 2. *vol.*   16 l.

Les Lettres de Guy Patin, *in 12.* 3. *vol.* Hollande.   7 l. 10 s.

La Pratique du Theatre, par l'Abbé d'Aubignac, *in 12.* 3. *vol.* Hollande.   6 l.

La Vie de l'Empereur Charles V. par Leti, enrichie de figures, *in 12.* 4. *vol.* Hollande.   12 l.

Histoire de Jean de Bourbon, Prince de Carency, par Madame d'Aulnais, *in* 12. Hollande. 3 l.

Les Caprices du Destin, ou Recüeil d'Histoires Singulieres & Amusantes, arrivées de nos jours, avec figures par *Mademoiselle l'Heritier*, *in* 12. 2 l. 10 s.

Estat present d'Espagne, avec figures, nouvelle Edition, *in* 12. 4. *vol.* 10 l.

Amusemens Serieux & Comiques, *in* 12. 2 l.

Histoire des Religions de tous les Royaumes du Monde, *in* 12. 4. *vol.* 10 l.

Les Délices des Païs-Bas, contenant une Description generale des 17. Provinces, enrichis de figures, *in* 12. 6. *vol.* Hollande. 14 l.

Histoire de la Guerre de Flandres de Strada, *in* 8. 3. *vol.* Hollande, avec Figures. 12 l.

Poësies de Madame des Houliers, 4. *vol. in* 8. 4 l. 10 s.

Oeuvres de Boileau, 4. *vol. in* 12. 8 l.

Le Traité des Medicamens, par M. Tauvry, *in* 12. 2. *vol.* 5 l.

Description nouvelle de la Ville de Paris, considerablement augmentée des éditions précedentes, & enrichie de beaucoup de figures en taille-douce en cette nouvelle édition, par M. Brice, *in* 12. 2 *vol.* 4 l. 10 s.

La verité de la Religion Chrétienne, par Abbadie, *in* 12. 3. *vol.* Hollande. 9 l.

Histoire du Vieux & Nouveau Testament, par M. de Royaumont, Prieur de Sombreval, avec les figures, *in* 4. 15 l.

—— Le même livre sans figures, *in* 12. 3 l.

Histoire des Conciles & des Canons de l'E-

glise , derniere & nouvelle édition , augmentée par M. Hermant , *in* 12. 4. *vol.*   8 l.

▬ Du même , l'Histoire des Ordres mili-
taires de l'Eglise , & des Ordres de Cheva-
lerie , *in* 12.   2 l.

Traité des Benefices par Frapolo , *in* 12.   2 l.

La Vie du Pape Sixte V. traduite de l'Italien
de Gregoire Leti , 2. *vol. in* 12. avec figures.   5 l.

Les amours de Psiché & de Cupidon , par
M. de la Fontaine , *in* 12.   2 l.

Les Délices de l'Italie , contenant une description exacte du Pays , des principales Villes,
de toutes les Antiquitez , de toutes les Ra-
retez qui s'y trouvent , Ouvrage enrichi
d'un très grand nombre de figures en tailles
douces , *in* 12. 4. *vol.*   12 l.

Les Oeuvres de M. Cyrano de Bergerac , avec
son Pedant joüé , *in* 12. 2. *vol.* Hollande.
                                              5 l.

Les Ouvres de M. Racine , *in* 12. 2. *vol.* 6 l.

▬ De M. Moliere , *in* 12. 8. *vol.*   16 l.

▬ De Scarron , *in* 12. 10. *vol*   17 l.

▬ De Voiture , *in* 12. 2. *vol.*   4 l. 10 f.

▬ De Campistron , *in* 12.   4 l.

▬ D'Horace , par Dacier , *in* 12. 10. *vol.*
                                             25 l.

L'Histoire & les avantures de Gusman d'Al-
farache , traduite de l'Espagnol , enrichie de
figures , *in* 12. 3. *vol.*   7 l. 10 f.

L'Histoire & les avantures de l'admirable Dom
Quichotte de la Manche ; traduite de l'Espagnol , enrichie de figures , nouvelle édition , augmentée d'un sixiéme volume ,
contenant la Continuation de ses avantures
jusqu'à sa mort , *in* 12. 6. *vol.*   15 l.

Histoire de la Découverte & de la Conqueste du Perou, traduite de l'Espagnol, enrichie de figures, *in* 12. 2. *vol.*   5 l.

Histoire de la Conqueste du Mexique ou de la nouvelle Espagne, par Fernand Cortez, traduite de l'Espagnol, enrichie de figures, nouvelle édition, *in* 12. 2. *vol.* 1714   5 l.

R. P. *Ruai Virgilius ad usum Delphini*, *in* 12. 4. *vol.*   10 l.

Oeuvres mêlées de M. de Saint-Evremont, *in* 12. 7. *vol.*   16 l.

Les Memoires de M. de Saint-Evremont, contenant diverses avantures qui peuvent servir d'instructions à ceux qui ont à vivre dans le grand nombre, *in* 12. 2. *vol.*   5 l.

Virgile, le Latin à côté, avec des remarques & des figures, *par M. de Martignac*, *in* 12. 3. *vol.*   7 l. 10 s.

Les plus belles Lettres Françoises sur toutes sortes de sujets, avec la maniere de les écrire, nouvelle édition revûë, corrigée, & considerablement augmentée, *in* 12. 2. *vol.*   4 l. 10 s.

De M. Perrot d'Ablancourt.

Les Commentaires de Cesar, *in* 12. 2. *vol.*
          4 l.

—— Les Oeuvres de Thucydides, *in* 12. 3. *vol.*
          7 l. 10 s.

Lucien de la même traduction, *in* 12. 3. *vol.*
          7 l. 10 s.

Les Metamorphoses d'Ovide, traduites *par M. Dueyer de l'Academie Françoise*, avec des Explications à la fin de chaque Fable, & des figures, *en* 3. *vol. in* 12.   7 l. 10 s.

De M. de Vaugelas, de l'Académie Françoise.

Le Quinte-Curce de la vie & des actions d'Alexandre le Grand, avec les Supplémens de Jean Freinshemius, de la traduction de M. de Vaugelas, *in* 12. 2. *vol.*   4 l. 10 ſ.
———— François & Latin, *in* 12. 2. *vol.* 4 l. 10 ſ.

De Meſſieurs Corneille, de l'Académie Françoise.

Les Oeuvres de P. & T. Corneille, *in* 12. 10. *vol.* Figures   25 l.
Les Metamorphoſes miſes en Vers François avec des figures en taille douce à chaque Fable, *in* 12. 3. *vol.*   10 l.

De M. de Mezeray.

Hiſtoire de France, *in* 4. 3. *vol.*   24 l.
———— La même, *in* 12. 10. *vol.*   24 l.

Du R. P. Giry, Minime.

Les Vies des Saints, dont on fait l'Office dans le cours de l'année, avec des diſcours ſur les Myſteres de Nôtre Seigneur & de la Sainte Vierge. Le Martyrologe Romain, traduit en François à la tête de chaque jour, & un Martyrologe des Saints de France, dont le Romain ne fait point mention, *in folio* 2. *vol.*   24 l.

Ouvrages de M. Vaumoriere.

Harangues ſur toutes ſortes de ſujets, avec

l'art de les composer, dédiée à feu M. le Chancelier Boucherat, troisiéme Edition, augmentée depuis la mort de l'Auteur, d'une Dissertation sur les Oraisons Funebres, *par M. l'Abbé du Jarry*, & d'un grand nombre de nouvelles Harangues, *in 4. 1713.* 7 l.

Lettres sur toutes sortes de sujets, avec des avis sur la maniere de les écrire, & des réponses sur chaque espece de Lettres, *par feu M. Vaumoriere*, augmentées depuis la mort de l'Auteur d'un grand nombre de Préceptes & de Lettres ; revûës & mises dans un meilleur ordre par M*** cinquiéme & derniere Edition, *in 12. 2. vol.* 1713. 4 l. 10 s.

L'Art de plaire dans la conversation, augmenté de deux Entretiens, l'un sur le Jeu, & l'autre sur le Genie, & le propre caractere des Dames. Quatriéme édition, *in 12.* 2 l. 5 s.

Stile universel de toutes les Cours & Jurisdictions du Royaume pour les Matieres Civiles, suivant les Ordonnances de Louis XIV. *par M. Gauret, in quarto.* 5 l.

—Du même, pour les Matieres Criminelles, *in quarto.* 5 l.

—Du même, pour les Instances qui s'instruisent au Conseil du Roy, & pour les procedures qui se font tant au Conseil du Roy que devant les Intendans des Provinces & leurs Subdeleguez, avec tous les Reglemens du Conseil, *in quarto.* 6 l.

Traité des Droits Honorifiques des Seigneurs dans les Eglises, *par feu M. Mareschal, Avocat*, nouvelle Edition, augmentée de plusieurs Arrests, *in douze, 2. vol.* 5 l.

Paraphrase du Commentaire de M. Charles du Moulin sur les Regles de la Chancellerie Romaine , reçûës dans le Royaume de France , *in fol.*   1 2. l.

Recüeil de plusieurs Questions notables sur les Matieres Beneficiales. Ouvrage posthume , *in fol.* 2. *vol.*   30. l.

De l'usage & pratique de la Cour de Rome pour l'expedition des signatures & Provisions des Benefices de France , avec des Remarques de *M. Noyer* , Avocat au Parlement , & Banquier Expeditionnaire en Cour de Rome , 2. *vol. in* 12.   4 l. 10 s.

Recüeil de plusieurs Questions notables , tant de Droit que de Coûtume , jugées par Arrests d'Audience du Parlement de Paris , divisé par Centuries , *par M. Lucien Soëve, Avocat.* in fol   20. l.

Ouvrages de feu M. Denys le Brun, Avocat au Parlement.

Traité des Successions, divisé en quatr. Livres; *le premier* . de ceux à qui l'on succede , & de ceux qui succedent ; *le second* , des choses ausquelles on succede ; *le troisiéme* , des manieres de succeder ; *le quatriéme* , des charges des successions. *Troisiéme Edition* . augmentée d'Additions , *in fol.*   16. l.

Traité de la Communauté entre mari & femme , *par le même* , *in fol.*   14. l.